영어음성학

English Phonetics

김세환 저

북스힐

머리말

이 책의 집필 의도는 영어 음성학 이론을 학생들에게 가능한 쉽게 전달하고, 실제 상황에 잘 적용할 수 있도록 함에 있다. 고등학교를 졸업한 학생들이 효과적인 학습을 하기 위해서는 이성적 사고에 기대어 공부해야 한다. 어린 아이가 서당에서 천자문을 암기하듯이 학습을 하는 시기는 이미 지났다. 영어발음 학습 방법도 단순 암기나 암송이 아니라, 왜 그렇게 들리고, 왜 그렇게 발음해야 하는지를 이해하면서 학습을 해야 좋은 효과를 볼 수 있다.

언어 습득은 말이 먼저고 문자 언어는 그 다음이다. 사람들은 모국어를 배우는 과정에서 정확한 발음을 위해 얼마나 많은 연습과 노력을 기울였는지를 기억하지 못 한다. 너무나 일찍 무의식적으로 발음하는 방법을 배웠기 때문이다. 외국어를 배우는 과정에서 가장 먼저 주의를 기울이고 배워야 할 것이 바로 발음이다. 발음 학습에 가장 좋은 방법은 간단한 문장을 정확한 발음(강세, 휴지, 높낮이 등을 포함)으로 반복 연습하여 원어민처럼 발음할 수 있도록 하는 것이다. 학습을 통해서 언어를 익혀야 하는 외국인들의 경우에는 올바르게 발음하는 요령을 습득하는 것이 우선이다.

새로운 언어를 쉽게 빨리 배우려면 해당 언어의 자음과 모음 하나하나를 분명하게 발음 할 수 있어야 한다. 영어를 정확하게 들으려면, 먼저 올바르게 발음할 수 있어야 한다. 올바르게 발음하지 못하는 단어는 절대로 정확하게 들을 수 없다. 그러므로 무조건 많이 들으라는 어느 강사의 말은 참으로 무책임한 말이다. 음성학은 올바르게 발음하는 요령을 알려주는 길잡이며, 소리의 체계(system)를 다루는 음운론(phonology)의 토대가 된다. 이 책은 아래와 같은 의도를 가지고 집필하였다. 각자의 필요에 따라 많은 도움을 받기를 진심으로 바란다.

a. 가능한 한 쉽게 영어 음성학 이론을 이해할 수 있도록 기술했다. 용어(terminology)는 원어 표기와 함께 쉬운 우리말로 옮겼다.
b. 영어와 한국어의 발음상의 차이를 밝혀 학생들이 쉽게 이해하고 정확하게 발음 할 수 있도록 했다.
c. 이론적 소개는 간결하고 명료하게 설명하고, 실제 적용되는 예를 제시했다.
d. 음운론(phonology)의 토대가 되는데 부족함이 없도록 했다.
e. 독학사 시험을 준비하는 데 부족함이 없도록 했다.

위의 내용을 이 책에 담아 영어발음 공부를 위한 실용적 용도와 음성학 이론서로 부족함이 없도록 노력했다. 또한 이 책은 미국영어를 학습목표로 하지만 음성표기 방식에 있어서는 영국의 다니엘 존즈(Daniel Jones)의 체계를 따른다. 왜냐하면 존즈의 표기법이 IPA(국제음성부호)와 흡사하고 한국인들이 사용하는 각종 사전에 채택되어 있기 때문이다.

개정 증보판을 준비하는 과정에서 자료 정리 등 수고를 마다하지 않은 재경, 성연, 예빈 그리고 나예에게 고맙고, 우리 인덕대학교와 부모님께 감사한다. 끝으로 이 책은 이전의 수많은 선행 연구에 바탕을 두고 있음을 밝히며 그들의 업적에 경의를 표한다.

저자 씀

English Phonetics

차 례

Chapter 04 음 소

Chapter 05 음 절

Chapter 06 초분절 음소

Chapter 07 음변화 현상

부 록

Chapter 01

음성학(Phonetics)이란

1-1. 언어 (language)

언어는 의사전달을 위한 수단이다.
언어는 마음의 거울이다(Language is a mirror of the mind).
언어는 시간과 공간을 넘나들며 구성원들의 의사를 전달하는 수단이다.

언어에 대한 물음은 인류 역사상 가장 오래된 주제 중의 하나이다. 예전에 언어는 인간만이 가지는 고유한 특성으로 간주되었다. 오늘날에는 "언어는 지금 이곳에서 벌어지는 일이 아니라 시간적, 공간적으로 멀리 떨어져 있을 때 벌어지거나, 벌어졌던 어떤 일을 상징적인 표현을 통해서 남에게 알리는 것이다"라고 정의한다. 예를 들어, 주인이 집에 돌아갔을 때 강아지가 '왜 이제 왔어, 반가워' 하는 의미로 주인에게 다가가 '컹컹' 짖는 것은 의사소통하는 것이지만 언어라고 부르기는 곤란하다. 지금 당장 내 마음이나 몸속에서 벌어지는 변화를 그저 어떤 자극에 대한 반응처럼 나타내는 것은 앞에서 말한 언어에 대한 정의에 미치지 못한다. 적어도 몇 시간 전에 벌어졌던 일, 그것도 지금 여기서 벌어지는 일이 아닌 다른 곳에서 일어났거나 행해졌던 일을 기억해 두었다가, 그것을 남이 알아들을 수 있는 신호로 전달 할 수 있어야 언어라고 할 수 있다.

최근에는 그러나 다른 동물들도 언어에 해당하는 의사소통 수단을 가지고 있음이 학자들의 연구로 속속 밝혀졌다. 예를 들어 벌들은 언어를 사용한다. 벌들은 냄새와 춤을 사용하여 의사소통을 한다. 특히 꿀벌들은 춤을 추면서 서로 얘기를 하는데, 생물학자들은 이것을 '춤 언어(dance language)'라 부른다. 벌들은 우리가 상식적으로 생각하는 것 보다 훨씬 먼 거리를 다니면서 꿀을 찾아다가 제 벌통으로 가져간다. 최재천 교수에 의하면 '벌을 인간만한 크기로 가정한다면, 하루에 벌이 날아다니는 거리는 서울에서 부산까지 거리의 열 배쯤 된다'고 한다. 조금 낯선 동네에만 가도 길을 잃을 수 있을 텐데, 그렇게 멀리 어디에 꽃밭이 있는 줄 알고 가서 꿀을 가져오는지, 또 좋은 꿀이 있는 꽃밭을 찾았을 때 어떻게 동료들에게 알려주는지 궁금한 것이 한둘이 아니다. 그래서 연구해본 결과, 꿀벌들이 춤 언어를 사용하여 서로 정보를 주고받는 것으로 밝혀졌다. 칼

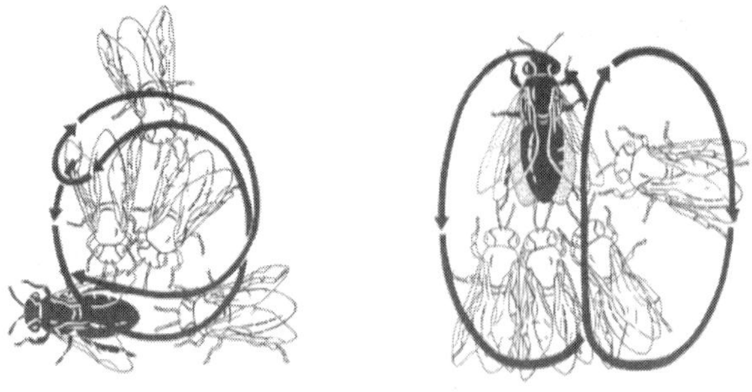

| 그림 1 | 꿀벌의 춤 (최재천, 2007: 158)

폰 프리쉬 (Karl Van Frisch) 박사는 벌통에서 50 m 이내의 가까운 거리에 있는 꿀의 출처를 알려주는 정찰벌의 춤은 별로 복잡하지 않는 원형 춤 이라는 것을 발견하였다. '붕~' 한 바퀴 돌아 원을 그리고 나면 휙 돌아서서 반대로 '붕~' 하고 도는 춤을 춘다. 50 m를 넘는 경우에는 꿀이 있는 방향을 향해 숫자 8자의 가운데 선이 수직이 되도록 춤을 춘다. 벌집에서 꿀 소재지까지의 거리는 벌 춤의 속도에 따른다. 약 15초 동안에 10번 돌면 100 m가량, 여섯 번 돌면 500 m가량, 네 번 돌면 1,500 m정도 거리에 있다는 것을 뜻한다고 한다. 발견된 꿀의 품질은 춤의 활기성에 의해 전달되어 춤이 활기를 띨수록 꿀의 품질이 더 좋음을 말해준다.

그러나 분명한 사실은 인간만큼 언어에 다양하고 끊임없이 새로운 언어 표현을 만들어 내는 생명체는 없다는 것이다.

1-2. 인간 언어의 기원

인간이 사용하는 변화무쌍하고 다양한 언어는 어떻게 생겨난 것일까? 이 물음에 대한 답은 다음 3가지로 요약될 수 있다.

첫째, 인간의 언어는 신의 선물이다. 즉, 언어는 신이 주신 선물이라는 신수설이 그것이다. 대부분의 종교와 신화가 언어에 대해 언급하고 있듯이 언어가 신의 선물이라는 의식을 종교인들은 가지고 있다. 기독교 구약의 창세기 11장에 나오는 바벨탑의 이야기가 대표적이다. 즉 인류 역사상에 신이 준 원어가 있고, 현재 지구상의 수많은 언어들은 이 원어에서 유래되었다는 가설이다. 이집트 신화에서는 신 토트(Thoth)가 언어를 창안했다고 하며, 바빌로니아 신화에서는 나부(Nabu) 신이 언어의 창조자로 등장한다. 인도의 신화에서는 우주의 창조자인 브라마(Brahma)신의 부인인 사라스바티(Sarasvati)가 언어를 창안했다고 한다. 이러한 연유로 인간이 받은 처음의 언어(원어)는 신의 언어와 같았을 것으로 간주하고 신과 소통을 할 때는 이 원어나 원어에 가까운 고어를 써야만 한다고 생각했다. 힌두교에서는 힌디어(Hindi)의 조어인 산스크리트어(Sanskrit)를 쓰며, 회교의 성전 코란(Qoran)은 고전 아랍어(Classical Arabic)로 쓰여 있고 천주교에서도 미사를 드릴 때는 근래까지 라틴어(Latin)를 썼으며, 개신교에서 기도할 때 고어를 쓰는 것도 이 때문일 것이다.

둘째, 인간의 언어는 발명품이다. 고대의 아리스토텔레스(Aristoteles)에서부터 비교적 현대 인물인 루소(Rousseau)에 이르기까지 많은 철학자들이 주장하였다. 아리스토텔레스는 사물의 본성을 꿰뚫어 볼 수 있는 전능한 사람인 입법자(legislator)가 사물의 본성에 맞게 이름을 지었다고 가정하는 명명설을 주장했다. 이것을 흔히 '딩동 이론(Ding-Dong Theory)'이라 한다. 한편 루소는 인간의 언어가 고통, 공포, 쾌락, 분노, 경악 등의 감정을 소리로 표현하려는 감탄사에서 시작되었다고 주장했다. '자연의 울음소리(Cries of Nature)' 이론 즉, 일명 '멍멍설(bow-wow theory)' 이다.

셋째, 인간의 언어는 진화의 산물이다. 인간 언어의 근본적인 특징은 소리의 체계와 의미의 체계가 결합하여 다양하고 무한한 표현을 생성해내는 이원성(duality)에 있다는 것이다. 필립 리버먼(Philip Lieberman)은 생리학과 고고 인류학적인 견지에서 언어의 기원을 모색하였으며, 인간의 언어는 음성과 의미가 독립된 체계를 갖고 있다는 사실에 주목하였다. 이 특징의 중요성이 우리에게 실감나게 다가오는 까닭은 음성체계(system of sound)가 발달하였지만 의미체계(system of meaning)의 결여로 자신의 언어를 갖지 못하는 앵무새와, 그 반대로 어느 정도 의미의 체계를 습득할 수 있는 두뇌를 가졌지만 음성체계의 결핍으로 인간과 같은 언어를 구사하지 못하는 침팬지의 경우를 보면 알 수 있다. 즉, 인간의 언어는 의미체계를 습득할 수 있는 두뇌의 진화와 더불어 음성체계의 실현을 가능케 하는 발성기관이 진화했기 때문에 가능하다는 것이다.

인간이 언어를 구사하기 위해서는 해부학적으로 한 가지 조건이 반드시 충족되어야 하는데, 목 안의 성문(glottis)이 아래로 하강해야만 한다. 목의 성문 저하가 자음 발생을 가능케 하기 때문이다.

갓난아이의 경우, 성문이 목구멍의 위쪽에 위치하고 있어 '잉잉', '웅웅', '흑흑', 혹은 '엉엉'하고 우는 법이 없고 오로지 '애~애~'하고 모음 하나로만 우는데, 이것은 갓난아기의 발성기관이 다른 원숙 동물과 마찬가지로 아직 일관형 기관(one-tube track)이어서 다양한 모음들을 발성할 수 없기 때문이다. 다른 포유류처럼 갓난아기는 후두와 비강이 곧장 연결되어 있다. 그러다가 생후 3개월이 지나면 아기들의 후두가 목구멍 아래쪽으로 내려가고 혀의 움직임이 자유로워지게 된다. 그리고 갓난아이가 성장하면서 성대가 하강을 하게 되고, 이에 따라 자음의 발성을 포함하여 다양한 소리를 낼 수 있게 된 것이다.

인간의 두뇌가 언어를 확대 재생산할 수 있게 된 시점을 구석기 중엽 약 50만년전 르발롸지안(Levalloisan) 석기 사용 이후로 간주한다. 이 때부터 인간의 두뇌는 단선적(linear) 두뇌에서 원과 삼각형을 완성하고 화살촉을 뾰족하게 만들 수 있는 추적적(tracking) 두뇌로 진화했다.

결국, 오늘날 인간의 언어는 발성기관의 진화와 두뇌의 진화 덕분에 가능해 졌다.

1-3. 인간 언어의 특징

언어학자이며 인류학자인 찰스 호켓(Charles Hockett)은 인간의 언어가 동물의 의사전달 방법과는 다른 언어구성자질(Design Features of Language)을 가지고 있다고 했다. 그가 주장한 인간 언어의 특징 16가지를 살펴보자.

a. 음성-청각 채널(Vocal-Auditory Channel)
b. 전방위 전송 및 방향 수신((Broadcast Transmission and Directional Reception)

c. 신속한 소멸(Rapid Fading, Transitoriness)
d. 교체성(Interchangeability)
e. 총 피드백(Total Feedback)
f. 특수성(Specialization)
g. 의미성(Semanticity)
h. 임의성(Arbitrariness)
i. 분리성(Discreteness)
j. 환치성(Displacement)
k. 생산성(Productivity)
l. 전통의 계승(Traditional Transmission)
m. 조형의 이원성(Duality of Patterning)
n. 기만성(Prevarication)
o. 재귀성(Reflexiveness)
p. 학습능력(Learnability)

a. **음성-청각 채널**(Vocal-Auditory Channel): 화자는 발성 기관을 사용하여 말소리를 내고, 청자는 청각 장치를 사용하여 말소리를 수신하고 처리한다. 호켓은 음성-청각 채널을 인간 언어의 커다란 장점으로 보았다. 그 까닭은 인간은 끊임없이 말소리로 의사소통하는 동시에 다른 활동을 할 수 있기 때문이다. 꿀벌의 경우에는 공간-이동 채널(space-movement channel)을 사용한다.

b. **전방위 전송 및 방향 수신**((Broadcast Transmission and Directional Reception): 인간이 말할 때 소리는 모든 방향으로 전송되고, 청취 범위에 있으면 모두 들을 수 있다. 그리고 두 귀를 사용하여 소리의 출처를 파악할 수 있다.

c. **신속한 소멸**(Rapid Fading, transitoriness): 인간의 말소리는 일시적이다. 말소리는 단지 짧은 시간 동안만 존재하며, 말이 멈추면 음파(sound waves)는 빠르게 사라져 버린다.

d. **교체성**(Interchangeability): 인간은 동일한 신호를 말하고 들을 수 있는

능력이 있으며, 들을 수 있는 모든 것을 말소리로 재생산할 수 있다.

e. **총 피드백**(Total Feedback): 인간은 자신이 말하는 것을 듣고, 점검할 수 있으며, 그리고 발화한 것을 내재화할 수 있다. 그리하여 인간은 자신의 언어를 교정하고, 적절한 문법을 유지할 수 있다.

f. **특수성**(Specialization): 인간의 언어는 의도적이며, 의사소통을 위해 특화 되어있다. 개가 헐떡거릴 때 분명히 신호를 전달하는 것이지만, 그것은 단지 '덥다'는 반사반응 일 뿐이다.

g. **의미성**(Semanticity): 사용된 신호는 특별한 의미가 있다. 특정 신호가 자신의 언어 체계 내에서 특정 의미에 직접 연결된다. 꿀벌의 8자춤(waggle dance)은 동료들에게 꿀의 위치와 거리에 대한 정보를 정확히 전달한다.

h. **임의성**(Arbitrariness): 인간의 언어는 사용된 신호(단어)와 지칭된 메시지 사이에 필수적인 연관 관계가 없다. 반면에 벌의 춤은 빙빙 도는 횟수와 방향이 꿀이 있는 곳과 직접적인(필연적인) 관련성이 있다.

i. **분리성**(Discreteness): 말소리의 기본 단위인 음소(phoneme)는 범주화(categorized) 된다, 음소 /p/와 /b/가 다른 소리 인 것처럼 음소들은 각기 다른 범주로 나뉘고 구별되며, 인간의 언어표현은 /pin/, /bin/처럼 불연속적인 음소들의 결합이다. 반면, 꿀벌의 춤은 지속적이고 강도에 따라 의미가 달라진다.

j. **치환성**(Displacement): 인간의 언어는 시간과 공간을 넘나들며 존재하지 않는 것에 대해서도 대화할 수 있다.

k. **생산성**(Productivity): 생산성은 인간 언어의 가장 중요한 특징이다. 인간 언어는 이전에 말하거나 듣지 못했던 것을 말로 표현할 수 있다는 점에서 개방적이고 생산적이다.

l. **전통의 계승**(Traditional Transmission): 인간 언어는 온전히 타고난 것이 아니며, 습득은 일정 부분 언어 학습에 달려있다. 대부분 동물의 언어는 생존에 필요한 기술로 선천적인 지식이다. 예를 들어, 꿀벌은

그들은 춤 언어를 태어나면서부터 이해하고 수행한다.

m. 조형의 이원성(Duality of Patterning): 무의미한 분절음(음소)이 서로 결합하여 의미있는 단어를 만들고 나아가 문장을 만든다. 즉, 인간은 한정된 수의 음소 집합을 결합시켜 무한 수의 단어를 생성 할 수 있으며, 무한 수의 단어를 조합하여 문장을 무제한으로 만들 수 있다.

n. 기만성(Prevarication): 인간은 거짓이나 무의미한 진술을 말할 수 있다.

o. 재귀성(Reflexiveness): 인간은 언어를 사용하여 언어에 대한 이야기를 할 수 있다. 예를 들어, '명사', '형용사', '동사'에 대해 이야기 할 수 있다.

p. 학습능력(Learnability): 인간은 언어를 가르치고 학습할 수 있으며, 다른 언어를 배울 수 있다.

1-4. 언어학 (Linguistics)

언어학은 언어에 대한 과학적 연구이다
(Linguistics is a scientific study of language).

언어를 과학적으로 연구한다는 것은 언어 사실을 관찰하고, 관찰된 언어 사실을 정리함으로써 가설을 세우고, 이 가설에 의해 언어 사실을 해석해 가는 작업을 한다는 것을 의미한다. 언어학은 개개의 언어를 대상으로 하여 음성, 문법, 의미를 연구할 뿐만 아니라 언어의 단위, 본질, 구조, 언어 연구의 일반적 방법, 표기법과 음성언어와의 관계, 혹은 언어 습득의 문제, 언어의 보편성의 문제 등을 연구한다. 언어 연구 방법론에는 귀납적 연구와 연역적 연구 두 가지가 있다.

a. 귀납법(induction): 3 x 4 = ?　귀납추리 (구조주의 문법이론)
b. 연역법(deduction): 3 x ? = 12　연역추리 (변형-생성문법이론)

오늘날 언어 연구는 귀납적(iuductive) 방법 보다는 연역적(deductive)

방법을 사용한다. 귀납적인 언어 연구 방법은 행동주의(behaviorism) 영향을 받았다. 모국어 화자가 사용하는 많은 언어 자료를 수집하여 그것을 분석하고, 종합하고, 일반화하여 얻은 결과로 문법 규칙을 만든다. 반면, 연역적인 언어 연구 방법은 합리주의(rationalism) 영향을 받았다. 모국어 화자가 지닌 언어 능력을 바탕으로 언어 규칙을 먼저 가설로 설정한다. 그리고 다른 언어 사용자가 지닌 언어 자료나 직관을 통해 이미 설정된 가설이 문법적인 규칙인지 검증해 본 후에, 그 가설을 문법 규칙으로 확정하는 과정을 거친다. 여기서 모국어 화자가 자신의 언어에 대해 가지고 있는 지식은 연산장치(processor)에 해당하며, '두뇌'이고 그의 '문법'이다. 그리고 화자가 가지고 있는 연산장치(processor)를 재구성하는 것이 바로 언어학자의 임무이다.

X	×	Y	=	Z
↓		↓		↓
input		processor		output
↓		↓		↓
어휘		문법		문장

참고로 문법(grammar, 文法)이라 함은 문자 그대로 '글월 문(文), 법(法)' '글을 쓰는 법칙', 혹은 '말을 하는 법칙'을 의미한다. 따라서 문법연구란 인간의 고유한 언어능력 또는 언어적 특성에 대한 연구이다. 이상적인 문법은 하나지만 그 모형(model, 언어학자가 추리해서 재구성한 모형)은 언어학자에 따라 다를 수 있다. 언어학에서 다루는 다음 세 가지 분야를 순수 언어학의 3대 분야라 한다.

a. 음운론(phonology): 소리에 대한 연구이다.
b. 통사론(syntax): 문장의 구조에 대한 연구이다. 좁은 의미의 문법이라 한다.
c. 의미론(semantics): 의미에 대한 연구이다.

오늘날의 언어학 연구는 순수 언어학뿐만이 아니라 다양한 방면으로 저변을 확대하고 있다. 다음은 인간의 실생활과 밀접한 관계를 가지고 있는 응용 언어학(applied linguistics)이 다루는 분야이다.

a. 심리 언어학(psycho linguistics): 언어 습득(language acquisition), 언어 인지(speech perception), 언어 장애(communication disorders) 등을 다룬다.
b. 사회 언어학(social linguistics): 언어와 태도(attitude), 방언(dialect), 문화(culture) 등의 상관관계를 연구한다.
c. 역사 언어학(historical linguistics): 언어군(language family), 언어변천(language change)에 관한 사항들을 연구한다.
d. 컴퓨터 언어학(computational linguistics): 컴퓨터 언어(computer language)를 연구한다.

1-5. 음성학 분야

음성학은 인간의 말소리에 대한 연구이다.
Phonetics is the study of the sounds of human speech.

언어의 매체로 사용되는 말소리 즉, 언어음에 대한 과학적인 연구를 음성학(phonetics)이라 한다. 소리에는 파도 소리, 바람 소리 같은 자연의 소리에서부터 사람이 낼 수 있는 휘파람 소리까지 실로 다양하지만, 우리의 관심은 실제 의사소통을 위해 사용되는 말소리(언어음, speech sound)이다. 순수 언어학의 3대 분야에서 음운론(phonology)을 소리에 대한 연구라 했다. 음성학은 음운론의 토대가 되는 학문이다. 음성학과 음운론의 관계를 집을 지을 때 필요한 벽돌에 비유하자면, 벽돌의 제조 과정이나 규모, 색깔 등에 관한 연구는 음성학에 해당하고, 벽돌을 어떻게 쌓고 배치할 것인가의 시스템(system)에 대한 연구는 음운론에 해당한다.

Pike(1947)는 '음성학은 자료를 모아 다듬고 음운론은 그것을 요리하는 것'이라고 했다. 음성학은 크게 3가지 분야로 나뉜다.

a. 조음 음성학(articulatory phonetics): 언어음의 생성을 다룬다.
b. 음향 음성학(acoustic phonetics): 언어음의 전달을 다룬다.
c. 청각 음성학(auditory phonetics): 언어음의 청취를 다룬다.

언어음(speech sound)의 전달은 다음과 같은 과정을 거친다. 물론 뇌에서 명령을 내리고 해석하는 과정이 있어야 언어로서의 온전한 기능을 수행하지만 그것은 우리가 다룰 음성학의 범위가 아니다.

| 그림 2 |

조음 음성학(articulatory phonetics)은 인간의 발음기관에 의해서 말소리가 어떻게 생성되느냐를 연구 한다. 이것은 언어학에서 가장 폭넓게 그리고 깊이 연구된 분야이기도 하다. 일반적으로 음성학은 조음 음성학을 일컫는다.

음향 음성학(acoustic phonetics)은 말소리가 화자로부터 청자에게 전달될 때 음파(sound waves)의 음향적 성질을 분석하고 공기 중의 음파가 어떻게 전해지는가 하는 언어음의 전달(speech transmission)을 다룬다. 즉 화자의 입을 통해 나오는 소리의 물리적 자질(physical properties)을 스팩트로그래프(spectrograph)를 이용하여 기록하고 기술한다.

청각 음성학(auditory phonetics)은 생리학상의 청각기관을 통해 어떻게 말소리가 감지되는가를 다룬다. 즉, 귀의 청각작용(auditory process)이 어떻게 이루어지는가 하는 언어음의 청취(speech reception)를 다룬다.

음향 음성학과 청각 음성학은 의학과 과학의 발전과 더불어 비약적인 발전을 하였다. 음향 음성학과 청각 음성학이 접목된 음성인식 기술의 발전은 머지않아 주인의 말소리를 인식하여 작동되는 자동차가 등장할 것이고, 어린 시절에 읽은 "아라비안 나이트"에서처럼 우리가 '열려라 참깨'를 외치면 문이 열리는 것이 일상적인 일이 될 것이다. 그러나 우리의 관심은 영어를 어떻게 말하는 것이 올바른 것인지에 관계되는 조음 음성학에 국한된다.

Eexercise

연습문제

01. 빈칸을 채우시오.

인간 언어의 특징은 음성체계를 실현할 수 있는 (   )의 진화와 의미체계를 습득할 수 있는 (   )의 진화가 이루어진 데에 기인한다.

02. 빈칸을 채우시오.

언어학은 (   )에 대한 과학적 연구이다.

03. 빈칸을 채우시오.

통사론(syntax)은 문장의 (   )에 대한 연구이다.
음운론(phonology)은 (   )에 대한 연구이다.
의미론(semantics)은 (   )에 대한 연구이다.

04. 인간 언어의 특징이 아닌 것은?

① 표현성
② 생산성 혹은 창조성
③ 임의성
④ 특수성

05. 다음 중 순수 언어학의 3대 분야가 아닌 것을 고르시오.

① 통사론
② 음운론
③ 어형론
④ 의미론

06. 알맞게 짝 지으시오.

① 생산성	a. traditional transmission
② 환치성	b. specialization
③ 전통의 계승	c. interchangeability
④ 언어형성의 이원성	d. displacement
⑤ 임의성	e. productivity
⑥ 교체성	f. duality of patterning
⑦ 특수성	g, arbitrariness

07. 다음 중 인간 언어의 특징이 아닌 것을 고르시오.

① 인간의 언어는 소리의 배열과 동시에 의미의 배열로 이루어진다.
② 사람은 남성 여성에 관계없이 그 누구든지 어떤 말을 하고 듣기도 한다.
③ 동물의 의사전달 체계가 제한적인데 반하여 인간의 언어체계는 끝없는 생산성(open-ended productivity)을 가지고 있다.
④ 인간의 언어는 시간적 공간적 제약을 받는다.

08. 말소리가 화자로부터 청자에게 전달 될 때 음파 (sound waves)의 음향적 성질을 분석하고 공기 중의 음파 (sound waves)가 어떻게 전해졌는가 하는 언어음의 전달(speech transmission)을 연구하는 분야를 고르시오.

① 조음 음성학
② 음향 음성학
③ 청각 음성학
④ 발음 음성학

09. 다음 설명 중 틀린 것은?

① 인간의 언어는 새로운 단어를 만들 수 있으며, 또한 새로운 문장을 언제든지 만들 수 있다.
② 인간의 언어는 음소의 배열과 동시에 형태소의 배열로 이루어진다.
③ 인간의 언어는 소리와 의미의 관계가 필연적이다.
④ 인간 언어의 가장 중요한 특징은 생산성이다.

10. 다음 순수 언어학의 분야 중 음성학과 밀접한 관계가 있는 것은?
   ① 어형론
   ② 음운론
   ③ 의미론
   ④ 통사론

11. 음성학의 연구 분야에 대한 설명 중 틀린 것은?
   ① 말소리가 어떻게 생성되는지를 연구
   ② 말소리가 어떻게 전달되는지를 연구
   ③ 말소리의 청취를 연구
   ④ 말소리의 의미에 대한 연구

12. 자연의 울음소리(cries of nature) 이론을 주장한 학자는 누구인가?
   ① 루소(Rousseau)
   ② 필립 리버먼(Philip Lieberman)
   ③ 다니엘 존스(Daniel Jones)
   ④ 헨리 스미스(Henry Smith)

13. 언어에 대한 설명 중에서 틀린 것은?
   ① 언어는 의사전달을 위해 사용된 수단이다.
   ② 남들이 알아들을 수 있는 부호로 전달할 수 없어도 언어라 할 수 있다.
   ③ 언어는 시간과 공간을 넘나들며 구성원들의 의사를 전달하는 수단이다.
   ④ 언어는 마음의 거울이다.

14. 인간의 실생활과 밀접한 관계를 가지고 있는 응용 언어학의 범주에 해당되지 않는 것은?
   ① 심리 언어학
   ② 역사 언어학
   ③ 컴퓨터 언어학
   ④ 조음 언어학

15. 다음 문장의 빈칸을 채우시오.

말소리에 대한 연구를 집을 지을 때 사용되는 벽돌과 비유하면 (　　　) 벽돌의 제조과정이나 규모, 색깔 등에 관한 연구에 해당하고, 벽돌을 어떻게 쌓고 배치할 것인가의 시스템에 대한 연구는 (　　　　　)에 해당한다.

Chapter 02

언어음의 생성

(Speech Production)

2-1. 언어음의 생성과정 (Speech Producing Mechanism)

말소리는 호흡 기관(respiratory organ), 후두(larynx, 일명 'voice box') 그리고 조음 기관(articulatory organ), 이 세 가지 기관이 결합하여 생성된다. 바로 이것들의 역할이 조음 음성학 연구의 일차적 관심이다. 조음(調音; 고를 조, 소리 음)이란 어떤 말소리를 내기 위하여 성대보다 위쪽에 있는 발성기관을 움직이는 것으로 정의 내릴 수 있다.

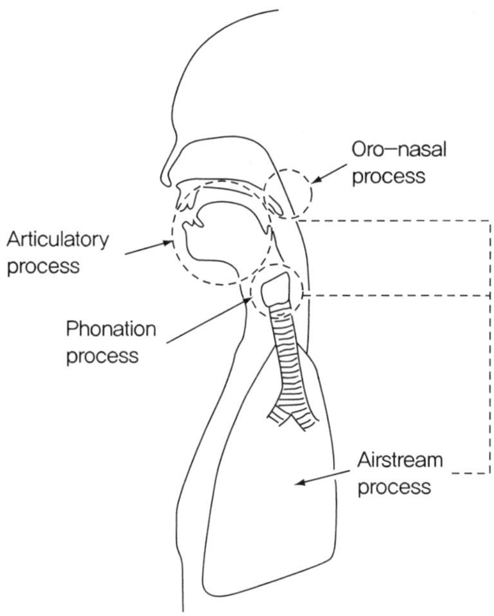

| 그림 3 | 발성기관 모형도(Bright, 1992: 195)

2-1-1. 공기의 흐름 (airstream)

인간의 말소리는 폐(lung)에서 시작된 공기가 입이나 코로 빠져나오는 공기에 실려 나온다. 말소리 생성에 있어 에너지원은 폐이다. 폐에서 시작된 공기가 후두(larynx)안에 있는 성대(vocal cords) 사이의 공간인 성문(glottis)을 지나면서 비로소 말소리의 형태를 가지게 된다. 공기인 흐름 경로 즉, 말소리의 생성과정(The Speech Producing Mechanism)은 아래와 같다.

a. 폐(lung)
b. 기관(windpipe, trachea)
c. 성대(vocal cords)
d. 후두개(epiglottis)
e. 인두(pharynx)
f. 목젖(uvula)
g. 구강 혹은 비강(oral or nasal cavity)

다음 그림은 언어음의 생성에 관련된 기관들의 명칭을 보여주는 것이다. 발음 기관을 살피는 것은 영어 말소리가 어디에서 어떻게 생성되는가를 알게 하는 것이고, 따라서 올바른 영어 발음 습득에 큰 도움이 된다.

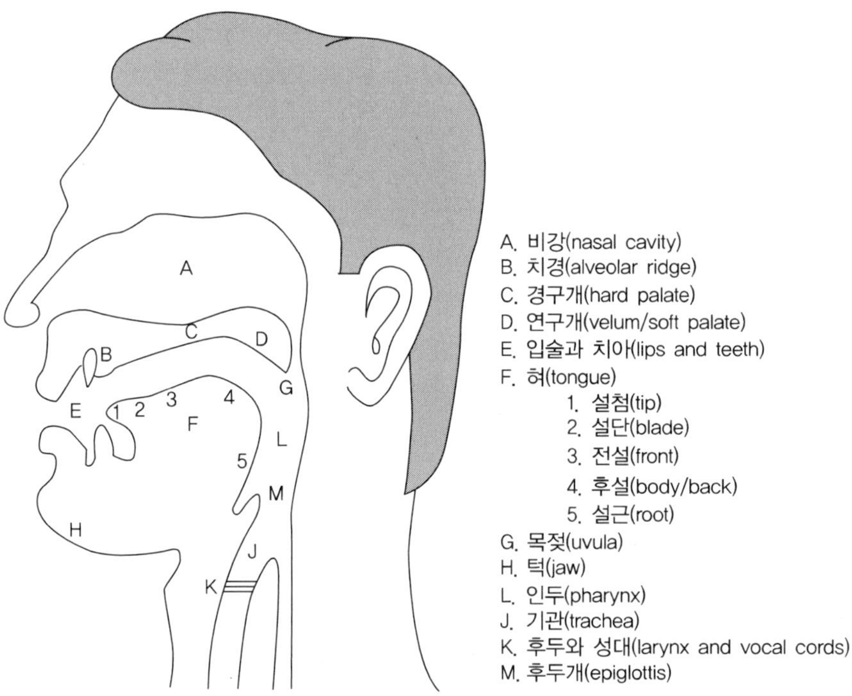

| 그림 4 | 발성기관 명칭(Cellce-Murcia, 2004: 43)

1) 폐(혹은 허파, lung)는 언어음의 시발자(initiator)이다. 폐에서 흘러 나오는 공기가 거의 모든 말소리에 있어 힘의 근원이 된다. 호흡을 할 때 함께 들어오고 나가는 어떤 공기가 있지 않고는 아무 소리도 낼 수가 없다. 대부분의 경우에 소리는 폐에서 나오는 폐기류(pulmonic airstream)에 실려서 나기 때문이다. 공기가 밖으로 빠져 나가며 소리가 날 때 그 소리를 배기음(egressive sound)이라 부르고, 공기가 안으로 들어가며 나는 소리는 흡기음(ingressive sound)이라 한다. 흡기음은 숨을 들이마시면서 내는 소리인데, 혀 차는 소리 '쯔쯔'처럼 지극히 한정된 경우에 사용된다. 따라서 우리가 앞으로 영어 말소리에 대하여 기술하게 될 소리들은 모두 허파로부터의 공기를 내보내는 작용인 날숨에 의한 것이다.

2) 기도(혹은 기관, windpipe/trachea)은 음식물이 지나는 식도(esophagus)와 더불어 인체 밖의 물질을 인체 안으로 전달하는 통로 구실을 한다. 식도는 음식물의 통로이고 기도는 폐와 연결되는 공기의 통로이다. 폐를 떠난 공기의 흐름은 기도를 따라 후두(larynx) 및 조음조직에 의하여 여러 가지 방법으로 바뀌면서 다양한 소리를 내게 된다.

3) 성대(vocal cords/vocal bands/vocal folds)는 소리를 내거나 숨을 쉴 때 움직이는 발성기관으로 후두(larynx) 안에 있다. 후두는 인두(pharynx)와 기관(trachea) 사이에 위치하는 호흡 기관의 일부로, 비교적 단단한 9개의 연골로 이루어져 있다. 이중에서 갑상연골(thyroid cartilage), 윤상연골(cricoid cartilage), 후두개(epiglottis) 및 쌍으로 된 피열연골(arytenoid cartilage) 이 중요하다. 갑상연골은 가장 크며, 2개의 넓적한 판이 목의 앞부분 가운데에서 만나 하나로 되어 있다. 남자의 경우 쉽게 만져지는데 이것을 후두융기(laryngeal prominence) 또는 아담스 애플(Adam's apple)이라 한다.

발성(phonation)을 일차적으로 책임지는 성대는 한 쌍의 인대(ligaments)로 되어 있으며, 음의 고저는 성대의 모양이나 긴장도에 의한다. 남자들의 경우에 갑상연골이 이루는 두 판의 각도가 좁아

(90°) 쉽게 만져지며 성대가 길다. 여자들은 갑상연골이 이루는 두 판의 각도가 넓고(120°) 성대가 짧아 남자보다 상대적으로 고음을 생성해 낸다.

a. 성대가 길고 느슨할 때: 저음(남자)
b. 성대가 짧고 팽팽할 때: 고음(여자)

폐에서 올라온 공기가 한 쌍의 근육으로 이루어진 성대 사이의 공간을 지날 때 성대가 진동하면 유성(voiced)이란 음성 자질이 만들어 진다. 반대로, 성대가 벌어져 공기의 떨림 없이 생성되는 소리는 무성음(voiceless sound)이다.

a. 무성음(voiceless sound): 성대가 진동(vibration)하지 않는 음
b. 유성음(voiced sound): 성대가 진동하는 음

4) 후두개(epiglottis)는 인두와 더불어 물이나 음식물이 기도로 가는 것을 막는다.

5) 인두(pharynx)는 길이가 약 13cm인 근육성 관으로, 소화기계 및 호흡기계에 모두 관여한다. 부위에 따라 비인두(nasopharynx), 구인두(oropharynx) 및 후두인두(laryngopharynx)로 나눌 수 있다. 인두는 중층상피로 덮혀 있으며, 벽은 겹쳐진 3개의 수축근(constrictor muscle)으로 되어 있다. 음식물을 삼킬 때 호흡기와 소화기가 분리되는 것은 이러한 근육들의 수축 및 후두개(epiglottis)의 작용에 의한다.

6) 목젖(uvula)이 내려와 기도를 막으면 공기가 코로 빠져나가 비음(콧소리)을 형성하게 되고, 목젖이 올라가 비강의 통로를 막으면 공기가 구강으로 빠져나가 구음(입소리)을 형성한다.

a. 구음(구강음, oral sound): 입으로 나오는 공기에 실려 나오는 음.
b. 비음(비강음, nasal sound): 코로 나오는 공기에 실려 나오는 음.

2-1-2. 조음 기관(articulatory organ)

조음기관이라 함은 언어음의 생성에 관련된 기관을 말한다. 말소리가 어디에서 만들어지는지를 정확히 말하기 위해서는 발성 기관의 이름을 먼저 알아야 한다. 말소리가 형성되기 위해서는 조음자(움직이는 요소, articulator)와 조음점(조음자가 맞닿는 부분, point of articulation)이 있어야 한다. 조음자와 조음점이 결합하여 소리 값을 결정하는 조음 위치(place of articulation)를 만든다.

조음자는 말소리가 형성될 때 조음점으로 이동하는 움직이는 발성기관을 말한다. 성도(聲道, vocal tract: 성대에서 입까지 소리의 통로)의 아랫부분인 아랫입술, 아랫니, 턱, 그리고 혀가 해당된다. 대표적인 조음자는 혀다. 길이가 고작 세치 밖에 되지 않는 혀가 앞 뒤, 아래 위로 움직이면서 다양한 소리를 형성해 낸다. 혀는 일반적으로 다섯 부분으로 나눈다.

a. **설첨**(tip of tongue): 혀를 편안하게 두었을 때, 혀가 이와 닿는 부분으로 혀끝이라고도 한다.
b. **설단**(blade of tongue): 혀를 편안하게 두었을 때, 혀가 치경에 닿는 부분으로 혓날이라고도 한다.
c. **전설**(front of tongue): 혀를 편안하게 두었을 때, 혀가 경구개에 닿는 부분으로 혀의 앞부분이다.
c. **후설**(body/back of tongue): 혀를 편안하게 두었을 때, 혀가 연구개에 닿는 부분으로 혀의 뒷부분이다.
d. **설근**(root of tongue): 후설에서 후두개까지의 부분으로 혀뿌리라고도 한다.

조음점은 소리가 형성되는 과정에서 움직이지 않는 부분이다. 성도(vocal track)의 윗부분인 윗입술, 윗니, 구강이 해당된다.

성도는 성대에서 만들어진 소리가 다양한 음으로 생성되는 곳으로 인두, 입, 코를 포함한다. 구강의 천정 부분을 구개(palate)라고 하는데, 구개는 치경(alveolar), 경구개(hard palate) 연구개(soft palate)로 나눈다. 치경은 혀를 편안한 상태로 두었을 때 혓날이 맞닿는 곳으로 소위 잇몸이라

일컫는 부분이다. 즉, 윗니 바로 뒤에 있는 작은 언덕처럼 두툼하게 돌출된 부분이다. 혀를 치경 뒤로 움직여 보면 뒤쪽으로 둥근 지붕 모양을 이루면서 뼈처럼 단단하고 딱딱한 입천정을 느낄 수 있다. 바로 이곳이 경구개(hard palate)이다. 여기서 다시 혀를 더욱 뒤로 말아보면 부드러운 입천정이 나타난다. 이곳이 연구개(soft palate)이며, 연구개의 끝부분에는 상하 이동이 가능한 목젖(uvula)이 자리한다. 조음점의 명칭을 정리하면 다음과 같다.

a. 윗입술(upper lip)
b. 치아(teeth)
c. 치경(alveolar ridge)
d. 후치경(post alveolar)
e. 경구개(hard palate)
f. 연구개(soft palate)

2-2. 언어음의 분류

언어음은 폐(lung)에서 시작된 공기의 흐름이 기도(trachea/windpipe)를 지나면서 생성된다. 음성학에서는 언어음을 다음 3가지 방식으로 구분하고 살핀다.

a. 무성음과 유성음(voiceless vs. voiced)
b. 구음과 비음(oral vs. nasal)
c. 자음과 모음(consonant vs. vowel)

A. **무성음과 유성음**(voiceless vs. voiced)

성대의 진동 유무에 따른 구분이다. 성대는 남자의 경우에 그 위치를 쉽게 파악할 수 있다. 즉, 아담이 이브가 건넨 사과(Adam's apple)를 먹다가 목에 걸렸다는 부분이 성대가 위치한 곳이다. 성대는 갑상연골에 의해 둘러싸여 있으며 그 유연함에서 나오는 다양한 소리로 인해 신이 인

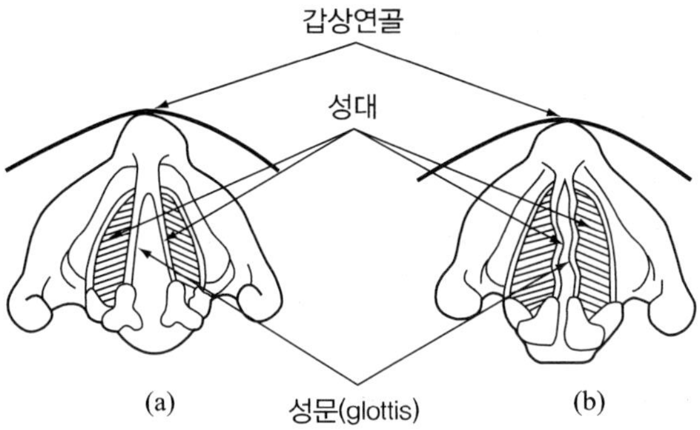

|그림 5|

간에게 선사한 위대한 악기라고도 한다. 아래 그림 5(b)는 2개의 성대가 거의 붙어 있어서 공기가 좁은 통로를 겨우 빠져 나갈 때 공기의 압력을 받아 두 개의 성대 근육은 떨리게 된다. 이때 성대가 떨리는 소리를 유성음(voiced)이라 한다. 그러나 그림 5(a)에서처럼 성문(glottis)이 넓게 벌어져 있어 성대 사이로 공기가 자유롭게 지나면서 성대 근육의 떨림 없이 나오는 소리를 무성음(voiceless)이라 한다.

모든 모음은 유성음이다. 자음 중에서도 소리의 전달력(carrying power)이 커서 공명음(sonorant)으로 분류되는 자음은 모두 유성음이다. 영어에서 /p/와 /b/, /t/와 /d/, 그리고 /k/와 /g/는 각각 조음위치와 조음방법이 같다. 이들은 단지 /p, t, k/가 무성음이고, /b, d, g/가 유성음이라는 차이밖에 없다.

유·무성의 차이는 영어 단어 *pan*과 *ban*의 첫 머리에 위치한 /p/와 /b/를 번갈아 발음해 보면 알 수 있다. 첫째, 손가락을 후두 위에 대고 발음해보자. 제대로 발음했을 때 손가락의 떨림이 느껴지면 유성음이고, 그렇지 않으면 무성음이다. 둘째, 양쪽 귀를 손바닥으로 막고 /p/와 /b/를 번갈아 발음해보자. 울림이 느껴지면 유성음이고, 그렇지 않으면 무성음이다. 보다 손쉽게 파악하기 위해 /sssssss/와 /zzzzzzz/를 발음해보자. 성대의 진동 상태를 손쉽게 알 수 있을 것이다. 진동이 느껴지는 /z/가 유성음이고, 진동이 느껴지지 않는 /s/가 무성음이다.

B. 비음과 구음(nasal vs. oral)

폐(lung)에서 시작된 공기의 흐름이 성대(vocal cords)를 지나면서 1차적인 언어음(speech sound)으로 생성되고, 이후 공기가 어디로 빠져 나가는가에 따른 분류이다. 영어에서 모음은 모두 구음/입소리(oral)이고, 자음만이 비음/콧소리(nasal)와 구음/입소리(oral)로 나뉜다.

a. 비음(nasal): 코로 나오는 소리(/m, n, ŋ/)
b. 구음(oral): 모든 모음과 비음을 제외한 나머지 모든 자음
(/ p, t, k, b, d, g, ʧ, ʤ, f, θ, s, ʃ, h, v, ð, z, ʒ, l, r, j, w /)

폐에서 생성된 공기가 코로 빠져나가면 비음이고, 입을 통해 빠져 나가면 구음이라 한다. *beat*와 *meat*를 보면, 음소 /b/와 음소 /m/의 차이로 인해 단어의 의미가 달라진다. 그리고 /b/와 /m/는 조음되는 위치가 같은 양순음(bilabial) 소리이다. 그리고 /b/와 /m/는 둘 다 성대의 진동이 동반 되는 유성음(voiced)이다. 단지 공기가 코로 빠져나가는 비음/콧소리(nasal)와 구음/입소리(oral)의 차이로 인해 다른 소리로 분류되고 나아가 다른 단어를 형성하게 된 것이다.

그림 6(a)에서 볼 수 있듯이 연구개(soft palate)와 목젖(uvula)이 올라가 비강(nasal cavity)으로 가는 통로를 막으면 기도를 통과한 공기가 코로 나가지 못하고 구강(oral cavity)으로 빠져나가게 된다. 구음은 이처럼 공기가 입을 통해 나가서 생성되는 말소리이다. 한편, 그림(6-b)에서 보듯

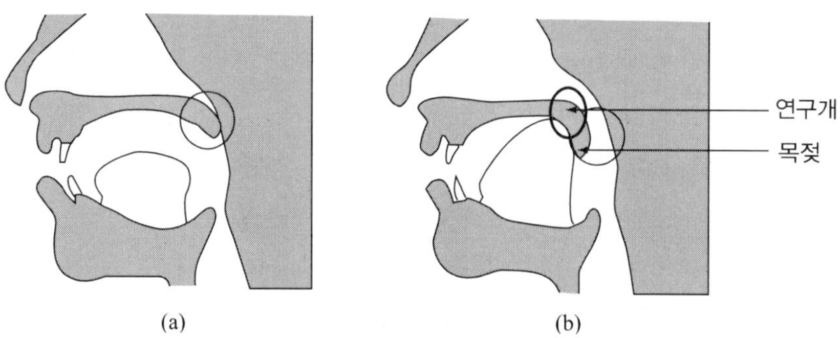

| 그림 6 |

이 연구개와 목젖이 내려와 구강으로 향하는 공기의 통로를 막으면 공기는 비강을 통해 나게 된다. 비음은 이처럼 공기가 비강으로 나가면서 생성된다.

C. 자음(consonant)과 모음(vowel)

언어음의 특성을 살피는 데 있어서 가장 일반적인 분류는 자음과 모음으로 나누는 것이다. 자음과 모음을 구별하는 기본적인 자질은 공기의 흐름이 저해(obstruction) 되느냐, 그렇지 않느냐하는 음성학적(phonetical) 기준이다. 영어의 모음은 폐에서 나오는 공기의 흐름이 저해됨이 없이 구강을 통해 자유롭게 생성된다. 반면에, 자음은 공기의 흐름이 입안 어디선가 저해되거나 막히면서 생성된다. 모음은 조음적 특성이 명료하지 않아서 다툼의 여지가 많다. 따라서 정확하게 분류하고 기술한다는 것이 어렵다. 모음은 자음과 비교하여 아래와 같은 특징을 지닌다는 Stageberg(1971)의 주장이 폭넓게 받아들여지고 있다.

a. 모음은 구음(oral)이다. 일부 방언과 문맥에서 부분적으로 비음이 될 수도 있으나 일반적으로 비음이 아니라 구음이다.
(Vowels are oral sounds. In some dialects and in certain contexts, vowels may become partially nasal, but normally they are orals, not nasals)

b. 모음은 유성음(voiced)이다.
(Vowels are voiced)

c. 모음은 구강을 통해 나오는 공기의 자유로운 흐름으로 특징지어진다.
(Vowels are characterized by a free flow of air through the oral cavity)

d. 다른 모음과 구별되는 자질은 주로 혀의 위치에 의해서 결정된다.
(The distinguishing features of the different vowels are determined largely by tongue position)

그러나 공기의 흐름에 대한 저해 여부만으로 언어음을 자음과 모음으로 분류하는 음성학적인 판단은 공기의 흐름이 방해받지 않고 발음되는

/w/와 /j/가 모음이 아니라 자음이라는 것을 설명할 수 없다. Stageberg가 열거한 모음의 특징에 다음 하나를 더하면 영어 모음의 특징을 설명하는데 부족함이 없어 보인다.

e. 모음은 반드시 음절핵(syllable nucleus)이 되어야 한다.
(Vowels must be syllable nucleus)

음성학적 분류에서 오는 모순을 해결하기 위하여 e)와 같은 음운론적(phonological) 분류 방법을 도입하면 /j/와 /w/가 모음이 아니라 자음이라는 것이 쉽게 설명된다. 즉, yacht[jat], anyway[eniwei]에서 /j/와 /w/는 각각 모음 앞에 위치한 틀림없는 자음인 것이다.

한편, 영어에서 음절의 중심이 되는 것을 음절핵(syllable nucleus) 또는 음절주음(syllabic)이라 한다. 음절핵이 될 수 있는 것은 모음이다. 예를 들어 *pin, check*과 같은 단어는 음절핵 /i/와 /e/를 중심으로 한 1음절로 된 단어이다. 그러나 *certain, title*에서 /n/과 /l/이 자음이면서도 각각의 단어에서 음절주음(syllabic)의 역할을 수행하고 있다(성절적 자음, syllabic consonant). 따라서 음운론적 분류 방법 또한 자음과 모음을 분류하는 완벽한 기준이 되지 못한다. 그럼에도 불구하고 위에서 밝힌 모음의 5가지 특성은 모음을 이해하는데 중요한 요소가 된다.

2-3. 음성표기(phonetic transcription)와 국제음성부호(International Phonetic Alphabet, IPA)

말소리의 흐름(stream of sounds)을 나누는 기본 단위는 음절(syllable)이다. 음절을 구성하는 것은 자음과 모음이다. 이 가운데 음절의 중심이 되는 것을 음절 핵(syllable nucleus)이라 하고, 음절 핵은 모음이 된다. 모음에 이웃하는 주변의 음은 자음이다. 말이란 연속적인 소리의 흐름이다. 그러나 음성학에서는 말소리를 쪼개어 자음과 모음으로 나누고, 이들을 분절음(segment)이라 한다.

영어는 24개의 자음과 12개의 모음을, 한국어는 19개의 자음과 21의 모음을 표준어로 인정한다. 말소리의 흐름을 자음 모음의 연속체로 간주하는 것은 음성학에서 가장 근본적이고도 중요한 가설이며, 음성학은 분절음에 대한 연구가 핵심이다. 분절음은 우리가 일상적으로 사용하는 자음과 모음 하나하나를 가리키는 말이며, 앞으로 우리가 논의할 음소(phoneme)를 지칭한다.

대개의 언어는 철자와 발음이 일치하지 않으며, 사용되는 자음 모음의 철자는 흔히 둘 이상의 음가를 갖는다. 음성표기(phonetic transcription)는 말소리를 표기하기 위해 사용되는 약속된 부호(symbol)이다. 언어학자들은 말소리의 음가를 부호로 나타내기 위해 음성 문자(phonetic alphabet)를 고안해서 사용하고 있다. 어느 특정 언어를 떠나 모든 자연 언어(natural language)의 소리를 표기할 수 있도록 하려는 음성부호의 표준화 시도로 탄생된 것이 1888년에 첫 선을 보인 국제음성부호다.

이 책은 미국영어를 목표어(target language)로 하고, 음성표기를 하는데 있어서는 IPA와 유사한 존즈(Jones)의 표기방식을 따른다. 그러나 IPA와는 별도로 많은 학자들이 영어의 음성표기를 위해 나름대로의 체계를 세워 사용하고 있는 것도 현실이다. 국제음성협회(International Phonetic Association, IPA)에 의해 제정된 국제음성부호(International Phonetic Alphabet, IPA)는 다음과 같은 특징을 가지고 있다.

a. 로마글자를 기반으로 한다.
b. 일자일음주의(一字一音主義: 하나의 글자가 하나의 음을 나타낸다)를 채택한다.
c. 외국어 학습자의 발음공부를 돕는다.
d. 모든 언어의 음운체계를 기록한다.
e. 문자가 없는 언어를 기록하는데 쓰이는 등 실제적인 언어학적 필요에 응한다.
f. 음성기호는 알파벳(alphabet)철자와 구별하기 위하여 “[ ]”를 사용하여 표기한다.

Eexercise

연습문제

01. 말소리의 생성과정(the speech producing mechanism)에 관여하는 8가지의 발성기관 명칭을 공기의 흐름 순서대로 쓰시오.

02. 영어 알파벳과 아라비아 숫자에 해당하는 발성기관의 명칭을 쓰시오.

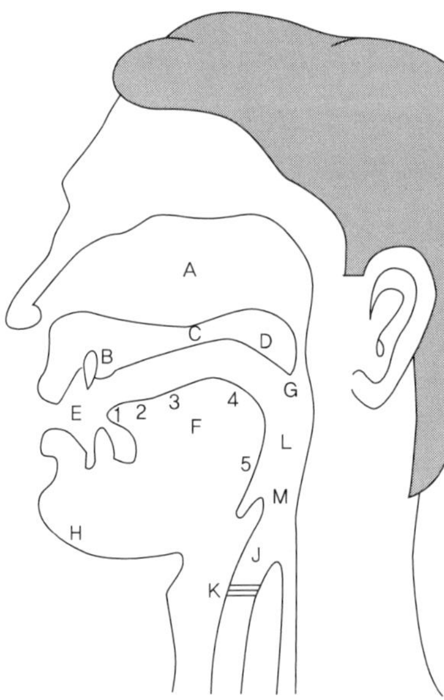

A. ____________________
B. ____________________
C. ____________________
D. ____________________
E. ____________________
F. ____________________
 1. ________________
 2. ________________
 3. ________________
 4. ________________
 5. ________________
G. ____________________
H. ____________________
L. ____________________
J. ____________________
K. ____________________
M. ____________________

03. 빈칸을 채우시오.

① 모음은 일반적으로는 비음이 아니라 (   )이다.

② 모음은 성대가 진동하는 (   )이다.

③ 모음은 구강을 통해 나오는 (   )의 자유로운 흐름으로 특징지어진다.

④ 다른 모음과 구별되는 자질은 주로 (   )에 의해서 결정된다.

⑤ 모음은 (   )이 되어야 한다.

04. 혀를 편안하게 두었을 때 경구개에 닿는 부분은?

① 설첨(tip of tongue)

② 설단(blade of tongue)

③ 전설(front of tongue)

④ 설근(root of tongue)

⑤ 후설(body/back of tongue)

05. 다음 중 조음점에 해당되지 않는 것을 고르시오.

① 윗입술(upper lip)

② 치아(teeth)

③ 치경(alveolar ridge)

④ 목젖(uvula)

⑤ 경구개(hard palate)

06. 다음 중 IPA(국제음성부호)가 가지고 있는 특징이 아닌 것을 고르시오.

① 일자일음주의를 채택한다.

② 외국어 학습자의 발음공부를 돕는다.

③ 로마 글자를 기본으로 한다.

④ 몇 개 언어의 음운체계를 기록한다.

⑤ 음성기호는 알파벳 철자와 구별하기 위하여 "[   ]"을 사용한다.

07. 다음 중 틀린 것은?

① 성대(vocal cords)는 언어음의 시발자이다.

② 공기가 밖으로 빠져나가며 소리가 날 때 그 소리를 내기음이라 부른다.

③ 공기가 안으로 들어가며 나는 소리를 흡기음이라 한다.

④ 영어 말소리에 대하여 기술하게 될 소리들은 모두 허파로부터의 날숨에 의한 것이다.

Chapter 03

영국영어와 미국영어

3-1. 영어의 역사

언어는 생명체처럼 진화하고 발전하면서 당시의 시대상황을 반영한다. 따라서 언어를 습득하는데 있어 해당 언어의 역사적 배경을 살피는 것은 의미 있는 일이다.

오늘날 우리가 영어(English)라고 부르는 언어는 게르만족(German)이 영국(Britain)이라는 섬나라에 이주하여 사용한 언어를 그 시조로 삼는다. 섬나라 영국에서 진행된 영어의 태동과 변천 과정들을 살펴보자.

1) **BC 600**: 유럽에서 활동하던 켈트족(Celts)이 영국에 거주하기 시작한다. 그들은 자신들의 언어인 켈트어(Celtic)를 영국 땅에서 사용한다.

2) **AD 43**: 로마제국의 클라우디우스(Claudius) 황제가 영국을 점령한다. 라틴어(Latin)와 그리스어(Greek)가 영국에 유입된다. 그러나 켈트족은 로마의 점령 기간 중에도 자신들의 언어를 꾸준히 사용한다.

3) **410년**: 게르만족의 침공을 받은 로마의 호노리우스(Honorius) 황제가 로마군을 영국에서 철수시킨다.

4) **449년**: 로마의 보호를 받던 켈트족 왕이 스코틀랜드(scotland)에 거주하던 픽트족(Picts)과, 스캇족(Scots)의 침공을 막기 위해 게르만족에게 구원을 요청하고. 이에 따라 앵글족(Angles), 색슨족(Saxons), 쥬트족(Jutes)이 영국에 상륙한다. 불쌍한 켈트족을 보호하기위해 영국에 상륙한 이들 3 부족을 앵글로-색슨족(Anglo-saxon)이라 부른다. 앵글로-색슨족이 영국 땅에서 7 왕국(Heptarchy)을 건설하고 사용한 언어가 오늘날의 영어이고, 이들이 바로 영국 사람이다. 우리는 이 시기의 영어를 고대영어(Old English)라 칭한다. 한편 이들이 유럽 대륙에서 사용한 언어는 원조 영어(Pre-old English)라 한다. 한편 켈트족은 서부지방(Wales, Conwell)이나 프랑스 북부 지역으로 밀려나게 된다.

5) **680년**: 고대영어(Old English)의 중요한 자료인 "Beowulf"가 집필된 시기이다.

6) **787년**: 대인족(Danse or Vikings)이 영국 침공을 시작한다. 이후 약 200여 년간 바이킹에 의해 침략 당한 영국은 이들의 언어인 스칸디나비어(Scandinavian)의 영향을 받는다.

7) **1066년**: 노르망디(Normandie / Normandy)의 윌리엄 대공(William the Conqueror)이 영국을 정복하고 이후 300년간 영국을 지배한다. 노르만인들(Norman)은 원래 스칸디나비아 사람들이었으나 오랫동안 프랑스에서 살았으므로 언어나 문화에 있어서 프랑스화 되어 있었다. 이들의 영국 정복으로 수많은 불어의 어휘가 영어에 유입된다. 중세영어(Middle English)의 시작이다.

8) **1476년**: 윌리엄 캑스톤(William Caxton)이 인쇄술 도입한다. 많은 음성적 변화에도 불구하고 철자가 고정된다. 문예부흥기이며 현대영어(Modern English)의 시작이다.

9) **1620년**: 102명의 청교도인들(Pilgrim Fathers)이 1620년 9월 16일 종교의 자유를 찾아 영국을 떠나 이주를 목적으로 신대륙으로 향했다. '5월의 꽃'이라는 뜻의 메이플라워호(May Flower)는 66일간의 거친 항해 끝에 11월 21일 현재의 매사추세츠(Massachusetts) 케이프코드(Cape Cod)에 상륙했다. 신대륙 미국에서 영어가 정착민들의 언어로 사용되기 시작한다.

3-2. 표준 영어 (Standard English)

각 개인마다 나름대로의 말씨(idiolect)가 있듯이 한 언어 안에서도 지역에 따라 방언(dialect)이 있고, 그 말투에 따라 어디 출신인지를 짐작 할 수도 있다. 영국영어와 미국영어의 표준어에 대해 알아보자.

영국영어의 표준 발음을 용인 발음(Received Pronunciation, RP)이라 한다. 용인 발음은 영국의 사립 중등학교(public school)와 옥스퍼드·케임브리지(Oxbridge) 출신이 쓰는 표준 영어 발음이다. 참고로 퍼브릭 스쿨(public school)에 대한 개념이 영국과 미국이 서로 다름을 유념해야 한다. 지방정부가 운영하는 학교를 퍼브릭 스쿨이라고 부르는 미국과는 달리 영국에서의 퍼브릭 스쿨은 민간인이 기금을 내고 운영하며, 부모가 기숙사비를 낼 수 있는 부유한 계층의 학생들을 대상으로 시작되었다. 전통적으로 고전학습, 시민의식, 엄격한 규율을 강조하며 입학시험이 있다.

다니엘 존스(Daniel Jones)가 RP라고 이름을 붙인 영국 표준어는 런던(London) 지역의 사립학교 출신이 쓰는 '교양 있는' 영어이면서 영국의 공영방송 BBC에서 사용하는 영어이다. 미국의 표준어와는 달리 영국의 표준어는 지리적 위치가 아닌 그 사용자들의 사회 계층으로써 정의되는 것이 특징이다.

| 그림 7 | 영국영어 방언 지도 (Thomas Pyles and John Algeo, 1982: 101)

미국영어는 동부방언(Eastern American), 남부방언(Southern American), 그리고 일반 미국영어(General American, GA)의 3대 주요 지역 방언으로 나뉜다. 이 가운데 GA는 미국 중서부(Midwest) 일대의 광대한 지역에서

사용되는 것으로 표준 미국영어(American English, AE)라 한다. 미국의 동부 방언은 RP와 유사하다. 미국의 동부 방언이 RP와 유사한 까닭은 미국의 동부 지역이 주거와 경제가 안정되었고 영국과의 끊임없는 교류를 통해 선진 문화를 받아들이고 수용한 결과이다.

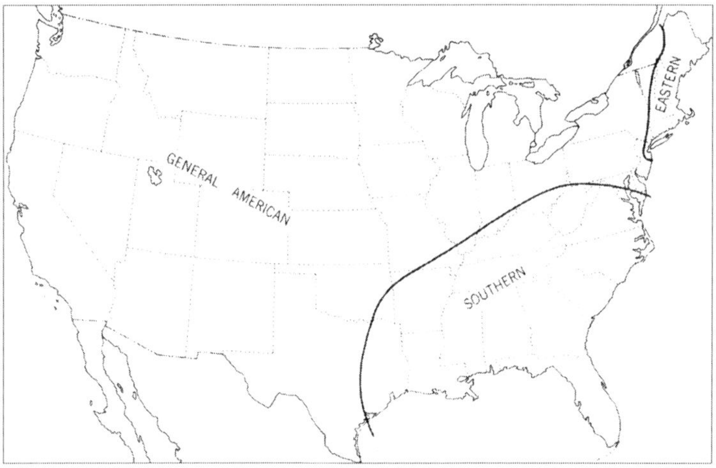

| 그림 8 | 미국영어의 주요 방언(Bronstein, 1960: 44)

3-3. 영미음의 차이

미국영어가 영국에서 사용되는 영어와 다른 것은 두 나라사이의 엄청난 거리와 이주민들의 정착과정의 차이에 기인한다. 두 국가에서 사용되는 영어의 차이는 어휘, 철자, 그리고 발음에서 두루 발견된다. RP와 대조되는 GA의 두드러진 발음 특징은 다음과 같다.

발음에 있어서 GA의 가장 눈에 띄는 특징 중에 하나는 'r-색채(coloring)'가 있다는 것이다. GA는 철자에 'r'이 있을 때마다 [r]을 발음한다. 반면에, RP에서 'r'이 발음되는 것은 모음 앞에서 뿐이다. 즉, 철자 'r'의 발음에서 GA 'r'의 는 위치에 상관없이 항상 발음 하지만 RP나 미국의 동·남부 방언은 자음 앞 또는 어말 위치에 위치한 'r'을 발음하지 않는다.

far[fɑ:*r*], warm[wɔ:*r*m] (GA)

far[fɑ:], warm[wɔ:m] (RP와 미국 동·남부 방언)

철자 'a'의 발음 또한 RP와 GA가 대조를 이룬다. RP와 미국 동·남부 방언에서는 *ask*에서와 같은 'a'를 /ɑ/로 발음하는 반면에 GA에서는 'a'를 /æ/로 발음한다.

pass[pæs], staff[stæf], bath[bæ*θ*] (GA)

pass[pɑ:s], staff[stɑ:f], bath[bɑ:*θ*] (RP와 미국 동·남부 방언)

GA는 비음화(nasalization)의 색채도 강한 편이어서 비음이 인접할 때 '코맹맹이 소리(nasal twang)'가 난다. /t/가 모음과 모음 사이에서 설탄음(flapped) [ɾ]로 발음되거나 유성음화 하는 것도 GA의 특징이다.

center [senə]

writer [raiɾər]

better [béɾər/bédər]

영국영어와 미국영어

	영국영어(RP)	미국영어(GA)
표준어	RP(Received Pronunciation) 런던(London) 지역을 중심으로 한 교양 있는 사람들이 사용하는 언어	GA(General American) 동·남부를 제외한 북미 대륙 전지역 (4/5)에서 사용
대표학자	Daniel Jones	John Kenyon George Trager Henry Smith
특징 ① 'r' 발음	• 모음 앞에서만 'r'을 발음한다. 어말과 자음 앞에서는 발음되지 않는다. • 마찰음(Fricative)으로 간주한다.	• 모든 'r'은 발음된다. • 접근음(Approximant)으로 간주한다.
특징② 'a' 발음	18c 이전 까지 [æ]로 발음 되었으나 현재는 [a]로 발음된다. (진보적인 면을 입증)	[æ]로 발음된다. (보수적인 면을 입증)
	예 aunt, dance, glass, last, after, command	
	다음은 RP와 GA 모두 'a'의 발음을 [ɑ]로 하는 경우이다.	

<table>
<tr><th></th><th>영국영어(RP)</th><th>미국영어(GA)</th></tr>
<tr><td></td><td colspan="2">a. /r/ 앞에 있는 'a': far, heart
b. '-lm'연쇄에서 'l'이 발음이 안 되는 'm'앞에 있는 경우: balm, palm
c. father의 'a'</td></tr>
<tr><td>특징③
't' 발음</td><td>'t'가 위치한 자리에 상관없이 /t/로 발음된다.
water[wɔ́:tə]</td><td>a. v + 't' + v(모음): 모음과 모음사이에 위치하면서 선행모음에 강세가 있을 때에 탄음화(flapped) 혹은 유성음화(vocalization) 현상이 발생한다.
letter[létər]→[léɾər] 혹은 [lédər]′
b. 비음 + t: 비음에 흡수된다.
twenty[twénti]→ [twéni]
c. v + 't' + v(모음): 후행모음에 강세가 있을 에는 't'가 정상적으로 발음된다.
attend[əténd], return[ritə́:rn]</td></tr>
</table>

Eexercise

연습문제

01. 주어진 단어의 발음 기호를 보고 어떤 것이 미국 표준어발음이고, 영국 표준어발음 인지를 밝히시오.

① pass [pæs] (　　　　)
　 pass [pɑs] (　　　　)
② far [fɑ:] (　　　　)
　 far [fɑ:r] (　　　　)
③ center[sentə] (　　　　)
　 center[senər] (　　　　)

02. 다음 중 영국영어를 대표하는 학자는?

① John Kenyon
② George Trager
③ Daniel Jones
④ Henry Smith

03. 윌리엄 캑스톤(William Caxton)이 인쇄술을 도입하여 철자가 고정되고 현대 영어가 시작된 시기는?

① 680년
② 1066년
③ 1476년
④ 1620년

04. 다음 중 영국표준어(RP)의 특징이 아닌 것을 고르시오.

① 런던지역의 사립학교 출신들이 쓰는 교양있는 영어이다.

② 사용자들의 사회계층으로써 정의된다.
③ 지리적 위치에 의해서 정의된다.
④ 공영방송 BBC에서 사용하는 언어이다.

05. 미국의 동부 방언이 RP와 유사한 까닭을 고르시오.

① 미국의 동부지역이 주거와 경제가 안정되어 영국과의 끊임없는 교류로 선진문화를 받아들이고 수용하였기 때문에
② 윌리엄 캑스톤(William Caxton)의 인쇄술이 도입되었기 때문에
③ 영국으로부터의 이주민이 많았기 때문에
④ 영국 정복으로 수많은 불어의 어휘가 영어에 유입되었기 때문에

06. RP의 특징에 해당되지 않는 것은?

① 'r' 발음을 마찰음으로 간주한다.
② Father의 'a'를 미국영어 'a'의 발음과 같이 [ɑ]로 발음한다.
③ 'a' 의 발음을 19c 이전까지 [æ]로 발음하였다.
④ 미국영어에 비해 부드럽다.

07. 다음 설명 중에서 틀린 것은?

① GA의 가장 눈에 띄는 특징 중에 하나는 r－색채(r-coloring)가 있다는 것이다.
② GA는 비음화(nasalization)의 색채가 강한 편이다.
③ 미국영어와 영국에서 사용되는 영어가 다른 것은 두 나라가 전쟁을 했기 때문이다.
④ GA는 동·남부를 제외한 북미대륙에서 사용한다.

Chapter 04

음소(phoneme)

음소란 의미의 차이를 나타내는 하나의 언어음이다. 즉, 바뀌어 쓰였을 때 의미의 변화를 초래하는 최소의 음 단위이다.
(The phoneme is a speech sound that signals a difference in meaning.)

어떤 언어가 가지는 음의 수는 우리가 막연히 생각하는 것보다 훨씬 더 많다. 무수히 많은 언어음 중에서 보통 '같은 음'이라고 간주하는 한 무리의 집단을 음소(phoneme)라 한다. 음성학은 음소에 대한 연구라 해도 과언이 아니다. 음소는 다음과 같이 설명된다.

a. 바꾸어 썼을 때 의미의 변화를 초래한다.
b. 음소는 발화될 때의 실체(substance)가 아니라 추상적 개념이다.
c. (변)이음들(allophones)의 집단이 되는 대표음이다.
d. 음소와 (변)이음(allophones)의 관계는 상보적 분포(complementary dis-tribution)로 설명된다.
e. "/ /" 안에 넣어 표기한다. 사선(slants)에 넣어 표기하는 방식을 음소표기(phonemic transcription) 혹은 간략표기(broad transcription)라 한다.
f. (변)이음은 "[ ]" 안에 넣어 표기한다. 꺾쇠괄호(brackets) 안에 넣어 표기하는 방식을 정밀표기(narrow transcription), 혹은 이음표기(allo-phonic transcription)라 한다. (변)이음을 표기할 때에는 꺾쇠괄호와 더불어 구별부호(diacritical mark)가 함께 사용된다. 구별부호는 기본적인 음성 특질을 가려내기 위해 사용되며 기본 음성부호의 아래 혹은 옆에 사용하여 정확한 발음을 표시한다.

음소에 대한 정의를 내릴 때 늘 등장하는 용어가 있다. 음소와 (변)이음의 관계를 밝혀주는 상보적 분포(相補的 分布, Complementary Distribution, Exclusive Distribution) 개념이다.

상보적 분포는 한 음소의 (변)이음들이 각기 고정된 자리에서만 일어나는 현상이다. 즉 한 음소의 이음들이 서로 보상적인 분포를 이루어 나타나는 것이다.

/p/	pen [p^{h}en]	… ①
	speak [sp$^{=}$i:k]	… ②
	stop [stɑp˺]	… ③

([p^{h}]에서 위첨자 “h”는 기식음(aspirate)을 의미하고, [p$^{=}$]에서 “=”는 비기식음(unaspirate)을, 그리고 [P˺]에서의 위첨자 “˺”은 입을 다물고 열지 않는 비개방음(unreleased)을 의미한다.)

①, ②, ③의 세 단어에서 /p/가 각기 달리 발음되는 까닭은 발음기관의 조음작용이 각기 주어진 음의 환경에 따라 다르기 때문이다. 즉, 동일음이라고 생각하고 있는 음이 근소한 조음의 차이로 인하여 그의 성질을 조금씩 달리 한다.

다시 말하면, 하나의 음소가 어두(word initial), 어중(word medial), 어미(word final), 어떤 음의 전후와 같은 그의 위치와 환경에 따라, 혹은 강세(stress), 고저(pitch), 장단(length), 분절(syllable division) 등의 조건에 따라 그 성질을 조금씩 달리하여 변이음을 형성하고, 이들 변이음들이 음성적 유사성(phonetic similarity)을 갖추고 있을 때 상보적분포를 이룬다고 한다. 이와 같이 변이음들이 음성적으로 유사하고 상보적분포를 이루어 나타나는 한 무리의 음을 음소라 한다. 그리고 어떤 음소에 있어서 상보적 분포를 이루어 나타나는 변종을 그 음소의 위치 변이음(positional variants) 또는 변이음(異音, allophones)이라 한다.

아래 표는 /p/의 세 변이음들의 분포가 서로 겹치는 일이 없는 완전히 배타적인 상보적 분포를 이루고 있음을 보여 준다(전상범, 2002: 49). 이처럼 변이음들이 겹치지 않고 나타나는 까닭에 상보적 분포를 배타적 분포(exclusive distribution)라고도 칭한다.

	# ___,	V ___ V́,	___ {t, k},	V́ ___ V,	#s ___,	___ #
[p^{h}]	pie	appear				
[p$^{=}$]				open	spy	
[p˺]			captain napkin			cap

("___"는 주어진 음이 일어나는 환경을 나타내고, "#"는 단어 경계를 나타낸다. 따라서 "#___"는 어두, "___#"는 어미를 나타낸다. "V́"는 강세를 받는 모음, "V"는 강세가 받지 않는 모음을 나타낸다. "{ }"는 '괄호 안에 있는 둘 중 하나'를 의미한다.)

4-1. 자음(子音, consonant)

자음은 비음 3개를 제외하고는 공기의 흐름을 막거나 저해함으로써 생성된다.
Consonants are produced by stopping or obstructing a free flow of air, except for the three nasals.

자음은 홀로 쓰일 수 없으며 모음(母音, vowel)과 더불어 사용된다. 엄마 등에 업혀야 하는 어린아이와 같은 이치다. 자음표(consonant chart)는 자음의 특성을 알려주는 3대 분류 기준에 따라 작성된 것이다.

a. 유·무성(voicing): 성대의 진동 유·무에 따라 유성음(voiced: vd)과 무성음(voiceless: vl)으로 나누어 기술한다.

b. 조음 위치(place of articulation): 조음자(articulator)와 조음점(Place of articulation)이 만나서 음이 형성되는 위치를 입술에서 부터 기술한다.

c. 조음 방법(manner of articulation): 공기의 저해(obstruction)가 많은 것부터 공기의 흐름에 자유로운 순서로 기술한다.

자음표 (consonant chart)

조음위치 (Place) / 조음방법 (Manner)		양순음 (Bilabial)	순치음 (Labio-dental)	치간음 (Inter-dental)	치경음 (Alveo-lar)	후치경음 (Post-alveolar)	구개음 (Palatal)	연구개음 (Velar)	성문음 (Glottal)
폐쇄음 (Stop)	vl	p			t			k	
	vd	b			d			g	
폐찰음 (Affricate)	vl					ʧ			
	vd					ʤ			
마찰음 (Fricative)	vl		f	θ	s	ʃ			h
	vd		v	ð	z	ʒ			
비음 (Nasal)		m			n			ŋ	
측음 (Lateral)					l				
접근음 (Approximant)		(w)			r		j	w	

1) **유성음**(Voiced)**과 무성음**(Voiceless)

아래 그림에서 중앙의 하얀 공간이 공기가 입에서 폐로 드나드는 통로인 성문(glottis)이다. 성대는 공기가 성문을 통과할 때 성문의 크기를 통제하고 떨림을 유발하는 기관이다. 아래 (b)처럼 성대가 좁아져 진동이 일어나는 소리를 유성음(voiced sound)이라하고, (a)처럼 통로가 넓어져 공기가 떨림없이 나가는 소리를 무성음(voiceless sound)이라 한다.

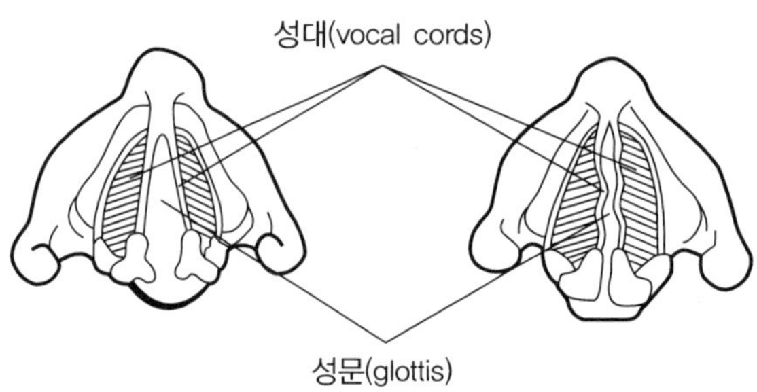

(a) (b)

| 그림 9 | 성대와 성문

a. 무성음(voiceless: vl): /p, t, k, ʧ, f, s, θ, ʃ, h/

b. 유성음(voiced: vd): /b, d, g, ʤ, v, z, ð, ʒ, m, n, ŋ, l, r, w, j/

2) 조음위치(place of articulation)에 따른 분류

조음위치는 조음자(articulator)와 조음점(point of articulation)의 결합이다. 영어의 자음은 혀와 입술이 움직이는 조음자가 되어 고정되어 있는 조음점의 위치로 이동하고, 조음점과 조음자가 결합하는 지점에서 공기의 자유스런 흐름을 왜곡함으로써 생겨난다.

아래 그림 10은 영어 자음의 조음위치를 명시적으로 보여준다.

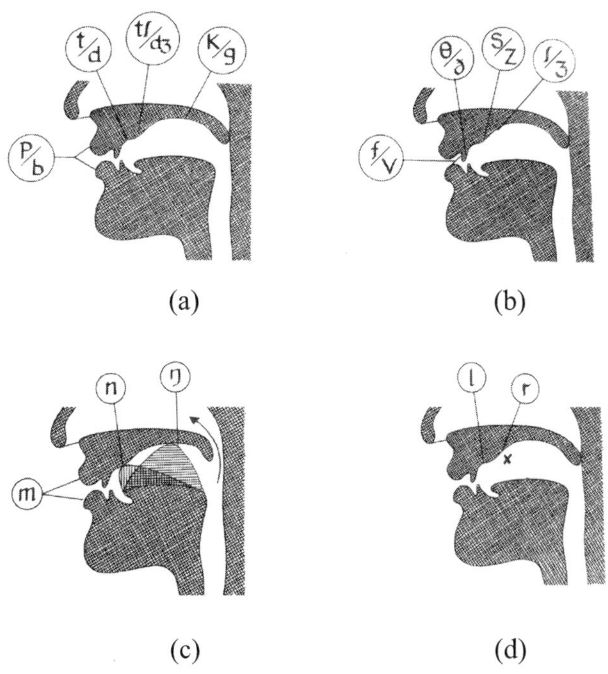

| 그림 10 | 자음의 조음위치(Vnderhill, 2005: 141)

a. 양순음(Bilabial): 양 입술에서 조음이 된다.
/p, b, m, (w)/

b. 순치음(Labio-dental): 아랫입술과 윗니가 만나 조음이 된다. 영어에서 윗입술과 아랫입술이 만나 조음이 되는 경우는 없다.
/f, v/

c. 치간음(Inter-dental): 윗니와 아랫니 사이에서 조음이 된다. 그리하여 사잇소리라고도 한다.
/θ, ð/

d. 치경음(Alveolar): 혀의 앞 부분이 윗 잇몸에 닿거나 다가가서 조음이 된다.
/t, d, s, z, n, l/

e. 후치경음(Post-alveolar): 혀가 윗 잇몸 뒷 부분으로 접근하면서 조음된다.
/ʃ, ʒ, ʧ, ʤ, r/

f. 구개음(Palatal): 혀가 구강의 후치경 위치와 연구개 사이로 접근하면서 조음된다.
/j/

g. 연구개음(Velar): 혀의 뒷부분과 입 안의 연구개가 맞닿아 조음된다.
/k, g, ŋ/

h. 성문음(Glottal): 성대에서 발생하는 음이다. 성대의 진동이 없는 무성음이다. 적어도 영어에서는 성문 유성음이 존재하지 않는다.
/h/

3) 조음방법에 따른 자음의 분류

폐에서 올라온 공기가 성대를 지나 입 안의 조음위치에서 어떻게 방해받고 저해되는 지에 대한 분류이다.

a. 폐쇄음(Stop): 공기의 흐름이 완전히 막혔다가 방출된다.
/p, t, k/ (무성폐쇄음)
/b, d, g/ (유성폐쇄음)

b. 폐찰음(Affricate): 공기의 흐림이 막힐 듯 터지면서 좁은 공간을 부대끼며 나는 음이다.
/ʧ/ (무성폐찰음)
/ʤ/ (유성폐찰음)

c. 마찰음(Fricative): 공기가 좁은 공간을 부대끼며 나가는 음이다.

/f, θ, s, ʃ/ (무성마찰음)

/v, ð, z, ʒ/ (유성마찰음)

d. 비음(Nasal): 공기가 입 안 어디선가에 막혀 공기의 개방이 코로 이루어지는 음이다.

/m, n, ŋ/

e. 측음(Lateral): 공기의 흐름을 입 안 중간에서 가로막음으로써 공기가 입안 양 옆으로 물 흐르듯 나가는 음이다.

/l/

f. 접근음(Approximant): 모음처럼 공기의 흐름이 물 흐르듯 자유롭다. 조음자가 조음점을 향해 이동하며 생기는 음이며, 조음위치가 명료하지 않아 학자들 사이에 논란거리가 되고 있으며, 이행음/경과음(glide) 또는 반모음(semi-vowel)으로도 불린다.

/r, j, w/

4-1-1. 폐쇄음 (Stop)

허파에서 나오는 공기를 밖으로 빠져나가지 못하도록 관련된 조음기관에서 막았다가 일시에 터뜨릴 때 생성되는 음이다. 일단 공기의 흐름을 차단하기 때문에 정지음/폐쇄음(stop)이라고도 하고, 압축된 공기가 일시에 터지면서 파열될 때 파열음(Plosive)이라고도 한다. 공기의 흐름을 가장 많이 저해하기 때문에 자음성이 가장 강한 음이다.

1) /p/ 무성양순폐쇄음(voiceless bilabial stop)

/p/는 허파에서 올라온 공기가 양입술에서 일시적으로 막혔다가 한꺼번에 방출되거나 양 입술에 막혀 공기의 개방이 전혀 이루어지지 않기도 한다. 발음할 때 성대가 울리지 않는 무성음이고, 조음위치는 양 입술이다. /p/로 발음되는 철자는 다음과 같다.

/p/	**p**	**p**o**p**[pɑp], **p**in[pin], shi**p**[ʃip]
	pp	dro**pp**er[drάpər], a**pp**le[ǽpl], ha**pp**y[hǽpi]

ph shep**ph**erd[ʃépərd],

gh hiccou**gh**[híkʌp],

pe ho**pe**[houp], sco**pe**[skoup]

a. [pʰ]는 강세를 받는 모음 앞에서 강하게 분출하는 공기(a puff of air)를 동반한다. 한국어 /ㅍ/과 비슷하다. 즉, 강한 공기가 실리는 기식음(aspirate)이다.

pen[pʰen], pay[pʰei], pat[pʰæt], pile[pʰail], post[pʰoust], peace[pʰi:s]

b. [p⁼]는 /s/ 다음에 위치 할 때 나오는 음이다. 한국어의 /ㅃ/와 비슷하다. 공기가 거의 실리지 않는 비기식음(unaspirate)이다.

speak[sp⁼i:k], spy[sp⁼ai], spit[sp⁼it], sprite[sp⁼raɪt], spool[spu:l]

c. [p˺]는 어말과 다른 폐쇄음 앞에 위치할 때 공기의 개방이 이루어지지 않는 비개방음이다. 한국어 '밥'의 받침 /ㅂ/과 비슷한 소리로서 입술이 그대로 닫혀 공기의 개방이 이루어지지 않는 비개방음(unreleased)이다.

stop[stap˺], cap[kæp˺], top[tap˺], hip[hip˺], chip[ʧip˺], cop[kap˺]
apt[æpt˺], top[tap˺], shipped[ʃip˺t], beeped[bi:p˺t]

Exercises

- 기식음 [pʰ]가 내포된 단어를 큰 소리로 발음해보자.

pat[pʰæt] pay[pʰei] pie[pʰai] pill[pʰil] poet[pʰouit]
appeal[əpʰi:l] repair[ripʰɛər] repeat[ripi:t] repay[ripʰéi]

- 비기식음 [p⁼]가 내포된 단어를 발음해보자.

spy[sp⁼ai] spring[sp⁼riŋ] speak[sp⁼i:k] speech[sp⁼i:tʃ]
space[sp⁼eis] splash[sp⁼læʃ]

- 어말에서 입술을 열지 않는 비개방음 [p˺]를 발음해보자.

stop[stap˺] pop[pap˺] weep[wi:p˺] up[əp˺] keep[ki:p˺]
rope[roup˺] ape[eip˺] pipe[paip˺] cap[kæp˺] hip[hip˺]
map[mæp˺] top[tap˺]

- /p/가 위치에 따라 달리 발음되는 다음 단어들을 큰 소리로 발음해보자.

어두(initial)	어중(medial)	어미(final)
pat[pæt]	repair[ripέər]	scope[skoup]
pay[pei]	spy[spai]	stop[stɑp]
pet[pet]	speak[spi:k]	cap[kæp]
pin[pin]	apple[ǽpl]	cup[kʌp]

2) /b/ **유성양순폐쇄음**(voiced bilabial stop)

/b/는 허파에서 올라온 공기가 양 입술에서 일시적으로 막혔다가 한꺼번에 방출되거나 양 입술에 막혀 공기의 개방이 막히기도 한다. 발음할 때 성대가 진동하는 유성음이고, 조음위치는 양순음이다. 특히 어말에 위치하면 양 입술이 닫혀 공기가 전혀 개방되지 않는다.

/b/로 발음되는 철자는 다음과 같다.

/b/	**b**	**b**ehind[biháind], **b**irthday[bə́:rθdèi], **b**ack[bæk]
	bb	so**bb**ing[sɑ́biŋ], da**bb**le[dǽbl], ru**bb**er[rʌbər]
	pb	cu**pb**oard[kʌbərd]
	be	glo**be**[gloub], ro**be**[roub]

Exercises

- /b/가 포함된 단어를 큰 소리로 발음해보자.

어두(initial)	어중(medial)	어미(final)
big[big]	cable[kéibl]	cub[kʌb]
bleed[bli:d]	symbol[símbəl]	sob[sɑb]
blow[blou]	submit[səbmít]	lab[læb]

ball[bɔːl] rabbit[rǽbit] rib[rib]

- /p/와 /b/를 구별하여 발음해보자.

/p/	/b/
peer[piə*r*]	beer[biə*r*]
pall[pɔːl]	ball[bɔːl]
pill[pil]	bill[bil]
rip[rip]	rib[rib]
pay[pei]	bay[bei]

*peer*와 *beer*를 보면 두 단어는 /p/와 /b/가 단 하나의 음소 차이로 인해 서로 다른 의미의 단어를 이루고 있다. 이처럼 단 하나의 음소의 차이로 의미의 대조를 이루는 한 쌍의 단어, 구, 혹은 문장을 최소 대립쌍(minimal pair)이라 한다.

3) /t/ 무성치경폐쇄음(voiceless alveolar stop)

/t/는 허파에서 올라온 공기가 윗잇몸에서 일시적으로 막혔다가 한꺼번에 방출되거나 윗잇몸에서 막혀 공기의 개방이 이루어지지 않는다. 혓날/설단 (blade of tongue)을 윗잇몸(치경) 바로 뒤에 대었다가 떼면서 나는 소리이다. 발음할 때 성대가 울리지 않는 무성음이다. 어두에서는 공기가 강하게 파열되지만 어말에서는 공기가 개방되지 않는다.

/t/로 발음되는 철자는 다음과 같다.

/t/	**t**	do**t**[dɑt], **t**op[tɑp], **t**ea[tiː]
	tt	bu**tt**on[bʌtən], li**tt**le[lítl], pre**tt**y[príti], co**tt**on[kάtn]
	th	**Th**omas[tάməs], **Th**ames[temz]
	ed	work**ed**[wəː*r*kt], rush**ed**[rʌʃt], walk**ed**[wɔ́ːkt], touch**ed**[tʌʧt]
	bt	dou**bt**[daut]
	te	ra**te**[reit], la**te**[leit], pla**te**[pleit], poli**te**[pəláit]

a. [t^{h}]는 강세를 받는 모음 앞에서 강하게 분출하는 공기(a puff of air)를 동반한다. 즉, 강한 공기가 실리는 기식음(aspirate)이다. 한국말의 /ㅌ/과 비슷하다.

tap[t^{h}ǽp] teach[t^{h}i:tʃ] table[t^{h}éibl]

b. [$t^{=}$]는 /s/ 다음에 위치할 때 나오는 음이다. 한국어의 /ㄸ/과 비슷한 소리다. 공기가 거의 실리지 않는 비기식음(unaspirate)이다.

stay[s$t^{=}$ei] stop[s$t^{=}$ɑp] stool[s$t^{=}$u:l]

c. [t˺]는 혀끝을 치경에서 떼지 않고 내는 소리다. 흔히 어말과 다른 폐쇄음 앞에 위치할 때 공기의 개방이 이루어지지 않는 비개방음이다. 한국말 '닫'의 받침 /ㄷ/과 비슷하다.

cat[kæt˺] but[bʌt˺] doubt[daut˺]

Exercises

- [t^{h}]를 발음하여 보자. 많은 공기가 실리는 것을 느껴야 한다.

tie[t^{h}ai] time[t^{h}aim] type[t^{h}aip] tight[t^{h}ait] tire[t^{h}aiər]

- [$t^{=}$]를 발음하여 보자. 공기가 동반되지 않음을 느껴야 한다.

stay[s$t^{=}$ei] stool[s$t^{=}$u:l] street[s$t^{=}$ri:t] stone[s$t^{=}$oun]

- [t˺]를 발음하여 보자. 어말에서는 발음 후에 혓날이 치경에서 떨어지지 않아야 한다.

not[nɑt˺] pot[pɑt˺] tot[tɑt˺] cat[kæt˺] got[gɑt˺] lot[lɑt˺] shot[ʃɑt˺]

- [ɾ]는 탄음화(flapping) 현상이 일어나 약화된(변질된) /t/의 발음이다. 우리말에서 달아[다라]의 /ㄹ/과 유사하게 발음된다.

water[wɔ:tə(r)]→[wɔ:ɾə(r)], better[betə(r)]→[beɾə(r)]
battery[bætəri]→[bæɾəri], sweater[sweɾə(r)]→[sweɾə(r)]

- [t̬]는 /t/가 유성음 사이에 위치하고 바로 뒤에 강세모음이 오지 않으면 유성음화(vocalization) 현상이 일어나 /d/처럼 발음되는 경우다.

  atom[ǽtəm]→[ǽdəm]　butter[bʌtər]→[bʌdər]　beetle[bi:tl]→[bi:dl]
  latter[lǽtər]→[lǽdər]

- /t/가 위치에 따라 조금씩 달리 발음 되는 것을 보여주는 다음 단어들을 큰 소리로 발음해보자.

어두(initial)	어중(medial)	어미(final)
tea[ti:]	water[wɑ́tər]	act[ækt]
take[teik]	poter[pɔ́:rtər]	sent[sent]
tall[tɔ:l]	story[stɔ́:ri]	boat[bout]
tie[tai]	little[lítl]	late[leit]
try[trai]	button[bʌtən]	past[pæst]

4) /d/ **유성치경폐쇄음**(voiced alveolar stop)

/d/는 허파에서 올라온 공기가 윗잇몸에서 일시적으로 막혔다가 한꺼번에 방출되거나 윗잇몸에서 막혀 공기의 개방이 이루어지지 않는다. 혓날을 윗잇몸 바로 뒤에 대었다가 떼면서 나는 소리이고, 발음할 때 성대가 울리는 유성음이다. 어말에 위치하면 양 입술이 닫혀 공기가 개방되지 않는다.

/d/로 발음되는 철자는 다음과 같다.

/d/	**d**	**d**o[du], **d**ay[dei], han**d**[hænd], **d**ouble[dʌbl], **d**ry[drai]
	dd	hi**dd**en[hídn], la**dd**er[lǽdər], mi**dd**le[mídl], su**dd**en[sʌdn]
	ed	starv**ed**[stɑ:rvd], skill**ed**[skild], play**ed**[pleid]
	dh	Bud**dh**a[bú:də]

Exercises

- /d/가 포함된 단어를 큰 소리로 발음해보자.

어두(initial)	어중(medial)	어미(final)

doll[dal/dɔl]	middle[mídl]	good[gud]
dog[dɔːg]	sudden[sʌdn]	hide[haid]
double[dʌbl]	goodness[gúdnis]	sad[sæd]
date[deit]	adder[ǽdə*r*]	road[roud]
dry[drai]	medal[médl]	beloved[bilʌvid/-lʌvd]

- /t/와 /d/를 구별하여 발음해보자.

/t/	/d/
latter[lǽtər]	ladder[lǽdər]
sat[sæt]	sad[sæd]
tune[tjuːn]	dune[djuːn]
train[trein]	drain[drein]
bent[bent]	bend[bend]

단 하나의 음소의 차이로 의미가 바뀌어 최소 대립쌍(minimal pair)을 이루는 *sat*과 *sad*의 발음이 어떻게 구분될까? 문장 속에서 대조를 이루는 경우라면 당연히 문맥 속에서 쉽게 판별해 낼 수 있겠으나 단어 수준에서 대조를 이루는 경우라면 대답이 쉽지 않다. 해답은 모음의 길이에 있다. 영어의 모음은 동일 환경에서 무성 자음보다 유성 자음 앞에서 더 길게 발음된다. 따라서 *sad*을 발음할 때에는 *sat*을 발음할 때보다 모음 /æ/가 더 길게 발음되어 두 단어가 구별된다.

5) /k/ 무성연구개폐쇄음(voiceless velar stop)

/k/는 허파에서 올라온 공기가 윗잇몸에서 일시적으로 막혔다가 한꺼번에 방출되거나 윗잇몸에서 막혀 공기의 개방이 이루어지지 않는다. 혀의 뒷부분(back of tongue)을 연구개에 대어 공기의 흐름을 막아서 만들어내는 음이다. 발성 시 성대가 울리지 않는 무성폐쇄음이다.

/k/로 발음되는 철자는 다음과 같다.

/k/	**k**	**k**ing[kiŋ], in**k**[iŋk], **k**ept[kept]
	c	**c**url[kəː*r*l], **c**at[kæt], **c**an[kən; kǽn], un**c**le[ʌŋkl]

cc	a**cc**ustom[əkʌstəm], a**cc**use[əkjúːz], a**cc**ount[əkáunt]
ch	**ch**oir[kwaiə*r*], **ch**orus[kɔ́ː*r*əs], chi[kai]
q	**q**ueen[kwiːn]
qu	**qu**ay[kiː], con**qu**er[kɑ́ŋkə*r*]
que	uni**que**[juːníːk], **que**stion[kwéstʃən]
ck	ro**ck**[rɑk], ba**ck**[bæk], be**ck**[bek]
cq	a**cq**uire[əkwáiə*r*]
che	head**ache**[he'deiˌk], backache[bǽkèik]
ke	ca**ke**[keik], ma**ke**[meik], wa**ke**[weik]
x	e**x**cept[iksépt], e**x**ercise[éksə*r*sàiz]

/k/는 /p/, /t/와 마찬가지로 위치에 따라 소리가 상당히 달라진다.

a. [k^h]는 강세를 받는 모음 앞에서 강하게 분출하는 공기를 동반한다. 즉, 강한 공기가 실리는 기식음(aspirate)이다. 이때 /k/는 한국어의 /ㅋ/과 비슷하다.

   keep[k^hi:p]   king[k^hiŋ]   cat[k^hæt]

b. [k=]는 /s/ 다음에 위치할 때 나오는 음이다. 한국어의 /ㄲ/와 비슷한 소리로 공기가 거의 실리지 않는 비기식음(unaspirate)이다.

   sky[sk=ai]   school[sk=u:l]   scream[sk=ri:m]

c. [k˺]는 공기의 개방이 이루어지지 않는 비개방음이다. /k/가 어말에 위치할 때는 발음 후에 공기의 개방이 거의 되지 않고, 어중에서는 뒤따르는 음소가 폐쇄음일 경우에 그것과 함께 공기의 개방이 이루어진다. 한국어 '학'의 받침 /ㄱ/과 비슷하다.

   kick[kik˺]   sick[sik˺]   pork[pork˺]
   fact[fæk˺t]   act[æk˺t]   parked[pɑ:*r*k˺t]

Exercises

- /k/가 포함된 단어를 큰 소리로 발음해보자.

어두(initial)	어중(medial)	어미(final)
come[kʌm]	skin[skin]	rock[rak]
car[kɑːr]	factor[fǽktər]	rack[ræk]
cry[krai]	dictate[díkteit]	choke[ʧouk]
clean[kliːn]	thicken[θíkən]	back[bæk]
kin[kin]	picnic[píknik]	sick[sik]

6) /g/ 유성연구개폐쇄음(voiced velar stop)

/g/는 발음 시 혀의 뒷부분을 연구개에 대어 공기의 흐름을 막고 압축된 공기가 밖으로 나오면서 만들어지는 음이다. 발음할 때 성대가 울리는 유성음이다. 어말에 위치하면 공기가 개방되지 않는다.

/g/로 발음되는 철자는 다음과 같다.

/g/	**g**	**g**o[gou], ar**g**ue[ɑ́ːrgjuː], **g**as[gæs], **g**et[get]
	gg	ju**gg**le[ʤʌgl], be**gg**ar[bégər]
	gu	**gu**est[gest], **gu**ess[ges], **gu**ard[gɑːrd]
	gh	**gh**ost[goust], **gh**oul[guːl]

- /g/가 포함된 단어를 큰 소리로 발음해보자.

어두(initial)	어중(medial)	어미(final)
go[gou]	eagle[íːgl]	big[big]
girl[gəːrl]	begin[bigín]	dog[dɔːg]
glass[glæs]	figure[fígjər]	vague[veig]
gold[gould]	dogma[dɔ́ːgmə]	egg[eg]
game[geim]	degree[digríː]	tag[tæg]

- /k/와 /g/를 구별하여 발음해보자.

/k/	/g/
cap[kæp]	gap[gæp]
call[kɔːl]	gall[gɔːl]

come[kʌm]	gum[gʌm]
cat[kæt]	goal[goul]

4-1-2. 폐찰음 (Affricate)

폐찰음은 글자 그대로 폐쇄음과 마찰음이 결합된 것이다. 즉, /ʧ/는 /t/와 /ʃ/, /ʤ/는 /d/와 /ʒ/의 결합이다. 따라서 이들을 발음하기 위해서는 먼저 공기의 흐름을 완전히 차단하고 동시에 같은 조음 위치에서 마찰이 나도록 한다.

1) /ʧ/ **무성후치경폐찰음**(voiceless post-alveolar affricate)

/ʧ/는 혓날을 윗잇몸 바로 뒤에 대고 혀의 앞부분을 경구개를 따라 위로 올린다. 입술을 둥글게 말아 쭉 내민 상태에서 막았던 공기를 일시에 내 보내는데, 이때 공기가 좁은 통로를 빠져나가면서 마찰을 일으키게 된다. 공기의 파열이 일어나면서 마찰이 일어나는 것이다. 발음할 때 성대가 울리지 않는 무성음이다. 아기들과 뽀뽀할 때처럼 입술을 둥글게 한 상태로 가능한 오래 유지한다는 느낌으로 발음해야 한다.

/ʧ/로 발음되는 철자는 다음과 같다.

/ʧ/	**ch**	rea**ch**[riːʧ], par**ch**[pɑːrʧ], chur**ch**[ʧəːrʧ], tea**ch**[tiːʧ]
	te	righ**te**ous[ráiʧəs]
	tch	ki**tch**en[kíʧən], ca**tch**[kæʧ]
	ti	ques**ti**on[kwésʧən]
	t	fu**t**ure[fjúːʧər], na**t**ure[néiʧər], for**t**une[fɔːrʧən]
	c	**c**ello[ʧélou]

- /ʧ/가 포함된 단어를 큰 소리로 발음해보자.

어두(initial)	어중(medial)	어미(final)
chaple[ʧǽpəl]	richer[riʧ]	church[ʧəːrʧ]
cheese[ʧiːz]	orchard[ɔ́ːrʧərd]	rich[riʧ]
choke[ʧouk]	feature[fiːʧər]	watch[waʧ]

choice[ʧɔis]	nature[néiʧər]	punch[pʌnʧ]
change[ʧeinʤ]	purchase[pə́ːrʧəs]	bench[benʧ]

2) /ʤ/ 유성후치경폐찰음(voiced post-alveolar affricate)

/ʤ/는 혀끝을 윗잇몸 바로 뒤에 대고 혀의 앞부분을 경구개 쪽으로 올린다. 입술을 둥글게 말아 쭉 내민 상태에서 막았던 공기를 일시에 내 보내는데, 이때 공기가 좁은 통로를 빠져나가면서 마찰을 일으키게 된다. 공기의 파열에 이어서 마찰이 일어나는 것이다. 발음할 때 성대가 울리는 유성음이다.

'judge'나 'general'처럼 'j' 또는 'g'로 시작하거나, 'large'에서처럼 '-ge'로 끝나는 단어는 대개 /ʤ/로 발음된다.

/ʤ/로 발음되는 철자는 다음과 같다.

/ʤ/	**j**	**J**uly[ʤuːlái], **j**ar[ʤɑː*r*], **j**udge[ʤʌʤ], **j**oke[ʤouk]
	di	sol**di**er[sóulʤə*r*]
	g	**g**em[ʤem], **g**entle[ʤéntl], giraffe[ʤəræ̍f] messenger[mésənʤər]
	ge	villa**ge**[víliʤ], colle**ge**[kάliʤ], lar**ge**[lɑː*r*ʤ], courage[kəliʤ]
	dge	e**dge**[eʤ], bri**dge**[briʤ]
	gg	exa**gg**erate[igzæ̍ʤə*r*èit], su**gg**est[səʤést]
	ch	Greenwi**ch**[gríniʤ]
	gi	reli**gi**on[rilíʤən]

- /ʤ/가 포함된 단어를 큰 소리로 발음해보자.

어두(initial)	어중(medial)	어미(final)
jar[ʤɑːr]	soldier[sóulʤər]	village[víliʤ]
gem[ʤem]	suggest[səgʤést]	college[kάliʤ]
journey[ʤə́ːrni]	exaggerate[igzæ̍ʤərèit]	edge[eʤ]
joke[ʤouk]	larger[laːrʤ]	age[eiʤ]

July[ʤuːlái]	margin[mάːrʤin]	wage[weiʤ]
jam[ʤæm]	major[méiʤər]	garage[gərάːʤ]

- /ʧ/와 /ʤ/를 구별하여 발음해보자.

/ʧ/	/ʤ/
chain[ʧein]	Judge[ʤʌʤ]
chin[tʃin]	gin[ʤin]
chunk[ʧʌŋk]	junk[ʤʌŋk]
rich[riʧ]	ridge[riʤ]
breach[briːʧ]	bridge[briʤ]

4-1-3. 마찰음 (Fricative)

영어의 마찰음에는 /f, v, θ, ð, s, z, ʃ, ʒ, h/ 아홉 개가 있다. 이 중 한국어와 흡사한 음은 /s/와 /h/뿐이고 나머지는 음가가 조금씩 다르다. 따라서 이 소리들이 어디에서 어떻게 만들어 지는 지를 제대로 알아야 올바로 발음을 할 수 있다. 마찰음은 공기가 좁은 통로를 통해 새어나오면서 마찰을 일으키는 소리라 하여 '새어나옴 소리'라고도 한다. 풍선을 불고 난 후 부풀려진 풍선에서 엄지 검지로 입구를 슬며시 잡고 있는 상태에서 바람이 빠지는 경우를 생각해 보면 된다.

1) /f/ **무성순치마찰음**(voiceless labio-dental fricative)

/f/는 윗니로 아랫입술을 살짝 머금고 공기를 밖으로 내보내 공기가 마찰을 일으키며 나는 음이다. 주의할 것은 윗니로 아랫입술을 깨물어서는 안된다. 발음할 때 성대가 울리지 않는 무성마찰음이다.

주식에 관심이 있으면 누구나 아는 용어 중에 하나가 '펀드'다. 한국인들은 이 발음의 한글표기가 '펀드'인 까닭에 발음을 'pund(/pʌnd/)'로 한다. 그러나 펀드의 영문 표기는 'fund(/fʌnd/)'다. 따라서 한국인은 존재하지 않는 영어를 발음하는 것이다. /p/는 양입술이 만나서 나는 폐쇄음이고, /f/는 아랫입술과 윗니가 만나서 나는 마찰음이다. 미국인들에게 /p/와

/f/는 완전히 다른 음이다. /f/는 한국어에는 없는 음소이다. 따라서 각별한 주의를 기울여 연습하고 익혀야 한다. /f/만 잘 발음해도 영어발음이 좋다는 평가를 받을 수 있다.

/f/로 발음되는 철자는 다음과 같다.

/f/	**f**	**f**eet[fiːt], **f**at[fæt], le**f**t[left], **f**i**f**th[fifθ]
	ff	a**ff**ect[əfékt], pu**ff**[pʌf], o**ff**[ɔːf], su**ff**er[sʌfə*r*]
	ph	s**ph**ere[sfiə*r*], **ph**ilosophy[filɑ́səfi], **ph**otograph[fóutəgræf]
	gh	tou**gh**[tʌf], rou**gh**[rʌf], cou**gh**[kɔːf]

Exercises

- /f/가 포함된 단어를 큰 소리로 발음해보자.

어두(initial)	어중(medial)	어미(final)
feet[fiːt]	defend[difénd]	leaf[liːf]
father[fɑ́ːðər]	sphere[sfiər]	strife[straif]
photo[fóutou]	selfish[sélfiʃ]	half[hæf]
fence[fens]	surface[sə́ːrfis]	buff[bʌf]

2) /v/ **유성순치마찰음**(voiced labio-dental fricative)

/v/는 윗니로 아랫입술을 살짝 머금고 공기를 밖으로 내보내 공기가 마찰을 일으키며 나는 음이다. 발음할 때 성대가 울리는 유성음이다. /b/로 발음되지 않도록 특히 주의해야 한다. 한국인이 발음하기에 가장 어려운 발음 중의 하나이다.

/v/로 발음되는 철자는 오로지 'v' 뿐이다.

/v/	**v**	**v**iew[vjuː], sil**v**er[sílvə*r*], can**v**as[kǽnvəs], **v**ery[véri]

- /v/가 포함된 단어를 큰 소리로 발음해보자.

어두(Initial)	어중(medial)	어미(final)
van[væn]	silver[sílvər]	have[hǽv]

view[vjuː]	cover[kʌvər]	wave[weiv]
vase[veis]	event[ivént]	prove[pruːv]
vast[væst]	service[sə́ːrvis]	serve[səːrv]

- /f/와 /v/를 구별하여 발음해보자.

/f/	/v/
fine[fain]	vine[vain]
fast[fæst]	vast[væst]
few[fjuː]	view[vjuː]
feel[fiːl]	veal[viːl]
proof[pruːf]	prove[pruːv]
safe[seif]	save[seiv]

3) /θ/ **무성치간마찰음**(voiceless inter-dental fricative)

/θ/는 혀끝(tip of tongue)을 윗니와 아랫니 사이에 두었다가 공기를 밖으로 보내는 동시에 혀를 거두어들이면서 나는 음이다. 발음할 때 성대가 울리지 않는 무성마찰음이다.

/θ/로 발음되는 철자는 'th'뿐이다.

/θ/ **th** **th**ank[θæŋk], **th**ick[θik], wor**th**[wəːrθ], soo**th**[suːθ]

/θ/는 한국어에는 없는 발음으로 각별히 주의 하여야 한다. 이빨과 이빨 사이에서 나는 소리라 하여 '이빨사이 소리' 혹은 '치간음'이라 한다. 부정확하게 /θ/를 발음하는 한국 사람들은 대부분 'ㅆ' 발음이나 'ㄸ' 발음으로 대체해 발음한다. 그러나 한국인 중에서도 혀 짧은 소리를 내거나 어린아이인 경우에는 'ㅅ' 발음 대신에 /θ/를 발음하는 경우가 종종 있다. 예를 들어 "밥 먹었어(/mək ət ə/)"를 "밥 먹었써(/mə gə θə/)"로 발음하는 경우가 있다.

근대 철학의 시조로 일컬어지는 프랑스의 철학자 데카르트(1596~1650)는 "나는 생각한다, 고로 나는 존재한다(I think, therefore I am)"는 유명한 말을 남겼다. 이때 한국인들이 'think'의 발음에 주의를 기울이지 않으면 우리말의 'ㅅ'과 유사한 /s/로 발음하게 되고, 이는 "나는 가라앉는다, 고로 나는 존재한다(I sink, therefore I am.)"라는 엉뚱한 의미를 나타낸다. 2개의 문장에서 단 하나의 음소의 차이로 인해 문장의 의미가 달라지는 최소대립쌍(minimal pair)의 실례이다. /f/와 마찬가지로 특별히 주의를 기울여 연습해야 한다.

• /θ /가 포함된 단어를 큰 소리로 발음해보자.

어두(initial)	어중(medial)	어미(final)
thank[θæŋk]	something[sʌmθiŋ]	health[helθ]
thick[θik]	worthless[wə́:rθlis]	Smith[smiθ]
thing[θiŋ]	author[ɔ́:θər]	youth[ju:θ]
thumb[θʌm]	method[méθəd]	breath[breθ]

4) /ð/ 유성치간마찰음(voiced inter-dental fricative)

/ð/는 혀끝을 윗니와 아랫니 사이에 두었다가 공기를 밖으 보내는 동시에 혀를 거두어들이면서 나는 음이다. /θ /와 발음하는 요령은 같으나 성대가 울리는 유성음이다.

/ð/로 발음되는 철자는 "th"뿐이다.

/ð/ **th** wor**th**y[wə́:rði], **th**en[ðen], **th**ough[ðou], lea**th**er[léðər]

한국인들이 주의를 기울이지 않으면 제대로 발음하기에 무척 어려운 발음이다. /d/로 발음하지 않도록 각별히 주의를 기울여야 한다.

• /ð/가 포함된 단어를 큰 소리로 발음해보자.

어두(initial)	어중(medial)	어미(final)
then[ðen]	other[ʌðər]	breathe[bri:ð]
though[ðou]	although[ɔ:lðóu]	soothe[su:ð]
there[ðέər]	either[í:ðər]	wreathe[ri:ð]
thy[ðai]	southern[sʌðərn]	loathe[louð]

- /ð/와 /d/를 구별하여 발음해보자. 혀의 위치 변화를 느껴야 한다.

/ð/	/d/
loathe[louð]	load[loud]
they[ðei]	day[dei]
thine[ðain]	dine[dain]
wreathe[riːð]	read[riːd]
thy[ðai]	die[dai]
breathe[briːð]	breed[briːd]

5) /s/ **무성치경마찰음**(voiceless alveolar fricative)

/s/는 혓날(blade of tongue)을 치경(alveolar ridge) 아래에 두고 윗니와 아랫니 사이를 좁혀 공기가 혀 중앙의 홈으로 새어나가면서 윗니와 마찰을 일으켜 나는 음이다. 연구개(soft palate)를 올려 코로 향하는 공기의 통로를 막는다. 발음할 때 성대가 울리지 않는 무성마찰음이다. 한국어의 /ㅅ/보다 더 강한 마찰음이다. 영어에서는 쉿소리(hissing sound)가 나는 소리라 하여 치찰음(sibilant)이라고도 한다. 특히 어말에서는 /s/를 가능한 오래 끈다. /s/가 모음 앞에 올 때는 한국말의 /ㅆ/과 유사한 음가를 가진다. 즉 sound, sick 등의 /s/를 /ㅆ/으로 발음한다.

/s/로 발음되는 철자는 다음과 같다.

/s/	**s**	**s**en**s**e[sens], **s**y**s**tem[sístəm], **s**ea[siː]
	ss	succe**ss**[səksés], mi**ss**[mis], bo**ss**[bɔːs]
	c	re**c**eive[risíːv], **c**ity[síti], so**c**iety[səsáiəti]
	sc	**sc**ent[sent], **sc**ene[siːn], mu**sc**le[mʌsl]
	ps	**ps**alm[sɑːm], **ps**ychology[saikáləʤi]
	sch	**sch**ism[sízm]

Exercises

- /s/가 포함된 단어를 큰 소리로 발음해보자.

어두(initial)	어중(medial)	어미(final)
cease[siːs]	essay[ései]	pass[pæs]
sample[sǽmpl]	concert[kánsəːrt]	ice[ais]
system[sístəm]	receive[risíːv]	niece[niːs]
same[seim]	muscle[mʌsl]	fence[fens]
city[síti]	assistant[əsístənt]	piece[piːs]

6) /z/ 유성치경마찰음(voiced alveolar fricative)

/z/는 혓날을 치경에 대고 윗니와 아랫니 사이를 좁혀 공기가 혀 중앙의 홈으로 새어나가면서 윗니와 마찰을 일으켜 나는 음이다. 발음할 때 성대가 울리는 유성음이다. 한국어의 'ㅈ'은 모음 사이에서만 유성음이 되고 나머지 위치에서는 무성음이다.

/z/로 발음되는 철자는 다음과 같다.

/z/	**z**	**z**ero[zíərou], **z**est[zest]
	zz	bu**zz**[bʌz], da**zz**le[dǽzl]
	s	lo**s**e[luːz], hou**s**e(v)[hauz], sea**s**on[síːzn]
	ss	po**ss**e**ss**[pəzés]

- /z/가 포함된 단어를 큰 소리로 발음해보자.

어두(initial)	어중(medial)	어미(final)
zeal[ziːl]	disease[dizíːz]	is[íz]
zoo[zuː]	fuzzy[fʌzi]	gaze[geiz]
zest[zest]	razor[réizə*r*]	phrase[freiz]
zone[zoun]	hesitate[hézətèit]	gaze**[geiz]**
zero[zíə*r*ou]	thousand[*θ*áuzənd]	prize[praiz]

- /s/와 /z/를 구별하여 발음해보자.

/s/와 /z/는 유성 무성의 차이일 뿐이고 조음위치과 조음방법이 같다.

/s/ /z/

miss[mis]	buzz[bʌz]
seal[siːl]	zeal[ziːl]
racer[réisər]	razor[réizər]
face[feis]	phase[feiz]
false[fɔːls]	falls[fɔːlz]
price[prais]	prize[praiz]

7) /ʃ/ 무성후치경마찰음(voiceless post-alveolar fricative)

/ʃ/는 혓날을 윗잇몸 바로 뒤에 대고 혀의 앞부분을 경구개 쪽으로 올린다. 입술을 둥글게 말아 쭉 내밀며 공기를 내 보낸다. /ʃ/는 /s/보다 혓날을 더 입천장 안쪽에 둔다. 이때 공기가 좁은 통로를 빠져나가면서 마찰을 일으키게 된다. 발음할 때 성대가 울리지 않는 무성음이다.

/ʃ/로 발음되는 철자는 다음과 같다.

/ʃ/	**s**	**s**ugar[ʃúgər], **s**ure[ʃuər]
	ss	i**ss**ue[íʃuː], a**ss**ure[əʃúər]
	sh	**sh**op[ʃɑp], **sh**out[ʃaut], **sh**ip [ʃip]
	si	exten**si**on[iksténʃən], mission[míʃən]
	ssi	se**ssi**on[séʃən], pa**ssi**onate[pǽʃənət]
	sci	con**sci**ous[kɑ́nʃəs], con**sci**ence[kɑ́nʃəns]
	ti	ac**ti**on[ǽkʃən], par**ti**al[pɑ́ːrʃəl], na**ti**on[néiʃən]
	c	appre**c**iate[əpríːʃièit], asso**c**iate[əsóuʃièit]
	ch	ma**ch**ine[məʃíːn], mousta**che**[mʌstæʃ]
	ce	o**ce**an[óuʃən]
	ci	an**ci**ent[éinʃənt]

Exercises

- /ʃ/가 포함된 단어를 큰 소리로 발음해보자.

어두(initial) 어중(medial) 어미(final)

shall[ʃəl]	mission[míʃən]	dish[diʃ]
shop[ʃap]	ashore[əʃɔ́:r]	wash[waʃ]
shine[ʃain]	fashion[fǽʃən]	moustache[mʌstæʃ]
sugar[ʃúgər]	machine[məʃí:n]	fish[fiʃ]

8) /ʒ/**유성후치경마찰음**(voiced post-alveolar fricative)

/ʒ/를 발음하는 요령은 무성 유성의 자질이 다른 것을 제외하면 /ʃ/와 같다. 발음 할 때 성대가 울리는 유성음이다. /ʒ/는 어두에 나타나지 않는 특징을 보인다.

어두에 위치하는 경우는 genre[ʒɑ:nrə]와 같은 외래어에 국한되고, 흔히 '-sure' '-sion' 로 끝나는 어말에 나타난다. 참고로 /ʤ/는 음성학적으로 /d/와 /ʒ/가 합쳐진 소리이나, /ʒ/는 하나의 소리만으로 이루어진 것이다.

/ʒ/로 발음되는 철자는 다음과 같다.

/ʒ/	**s**	mea**s**ure[méʒər], plea**s**ure[pléʒər], casual[kǽʒuəl]
	z	a**z**ure[ǽʒər]
	si	occa**si**on[əkéiʒən], vi**si**on[víʒən], television[téləvìʒən]
	zi	gla**zi**er[gléiʒər]
	ge	massage[məsɑ́:ʒ], beige[beiʒ]

- 각 쌍의 낱말을 연습하고 차이점을 느껴보자.

/ʃ/	/ʒ/
Aleutian[əlú:ʃən]	allusion[əlú:ʒən]
Asher[ǽʃər]	azure[ǽʒər]
Confuscian[kənfjú:ʃən]	confusion[kənfjú:ʒən]
masher[mǽʃər]	measure[méʒər]

/ʃ/	/s/
leash[li:ʃ]	lease[li:s]
push[puʃ]	puss[pus]

shall[ʃəl]	Sal[sæl]
sheen[ʃiːn]	seen[siːn]
ship[ʃip]	sip[sip]
short[ʃɔːrt]	sort[sɔːrt]

/ʃ/	/θ/
hush[hʌʃ]	hath[hæθ]
rash[ræʃ]	wrath[ræθ]
shank[ʃæŋk]	thank[θæŋk]
shin[ʃin]	thin[θin]
shy[ʃai]	thigh[θai]

/ʒ/	/ʤ/
lesion[líːʒən]	legion[líːʤən]
version[vəːrʒən]	virgin[vəːrʤin]
pleasure[pléʒər]	pledge[pleʤ]

9) /h/ 무성성문마찰음(voiceless glottal fricative)

/h/는 폐에서 나온 공기가 성문을 통과할 때 약한 마찰을 일으키면서 생기는 음이다. 연구개를 올려서 코로 향하는 공기의 통로를 막고 성대의 진동이 없으며, 입안에서는 아무런 장애 없이 공기가 입 밖으로 나간다. /h/로 발음되는 철자는 다음과 같다.

/h/	**h**	**h**ead[hed], **h**ot[hat], **h**ate[heit], **h**ow[hau], **h**uge[hjuːʤ]
	wh	**wh**o[huː], **wh**ose[huːz;], **wh**om[huːm], **wh**ich[hwiʧ]

한국어의 /ㅎ/와 비슷한 음가를 지닌다. 마찰음은 무성음이 있으면 그에 상응하는 유성음이 있는데, /h/ 만이 유일하게 그에 상응하는 유성음이 존재하지 않는다. 모음과 많은 공통점이 있으나 모음이나 접근음 앞에만 나타나는 음운론적인 특성을 지니는 자음이다.

Exercises

- /h/가 포함된 단어를 큰 소리로 발음해보자.

어두(initial)	어중(medial)
high[hai]	perhaps[pə*r*hǽps]
how[hau]	behind[biháind]
who[huː]	alcohol[ǽlkəhɔ̀ːl]
hallo[həlóu]	inhabit[inhǽbit]

- 각 쌍의 낱말을 연습하고 차이점을 느껴보자.

/h/	/h/가 없는 소리
had[hæd]	add[æd]
hair[hεə*r*]	air[εə*r*]
hand[hænd]	and[ənd]
has[həz/hæz]	as[əz]
hat[hæt]	at[ət]
here[hiə*r*]	ear[iə*r*]
his[hiz]	is[íz]

4-1-4. 비음 (Nasal)

허파에서 입으로 향하는 공기의 흐름을 특정 조음위치에서 완전히 차단하여 소리가 코 안에서 공명을 이루어 나오는 음이다. 공기의 흐름이 어느 자리에서 완전히 차단되었다가 파열되는 음이기 때문에 폐쇄음의 범주에 속한다. 보다 정확하게 말하면 차단된 공기가 입으로 개방되는 폐쇄음을 구강 폐쇄음(oral stop)이라 하고, 코로 개방되는 경우를 비강 폐쇄음(nasal stop)이라 한다.

1) /m/ **유성양순비음**(voiced bilabial nasal)

/m/는 양 입술을 닫아 공기의 흐름을 차단하고 코 안에서 공명을 이루

어 만들어 내는 소리이다. 발음할 때 성대가 울리는 유성음이다.

/m/을 나타내는 철자는 다음과 같다.

/m/	**m**	co**m**e[kʌm], **m**ilk[milk], sha**m**e[ʃeim]
	mn	autu**mn**[ɔ́ːtəm], da**mn**[dæm], condemn[kəndém]
	mb	la**mb**[læm], co**mb**[koum]
	mm	ha**mm**er[hǽmər], co**mm**a[kάmə], su**mm**er[sʌmər]
	lm	psa**lm**[saːm], sa**lm**on[sǽmən]

- /m/이 포함된 단어를 큰 소리로 발음해보자.

어두(initial)	어중(medial)	어미(final)
math[mæθ]	lemon[lémən]	harm[haːrm]
mad[mæd]	summer[sʌmər]	warm[wɔːrm]
map[mæp]	salmon[sǽmən]	game[geim]
milk[milk]	demon[díːmən]	come[kʌm]

2) /n/ 유성치경비음(voiced alveolar nasal)

/n/는 혓날을 치경에 대어 공기가 입으로 나가는 것을 차단한 후 코 안에서 공명을 이루어 만들어 내는 소리이다. 발음할 때 성대가 울리는 유성음이다. 혓날을 치경(윗잇몸)에 꼭 대어서 공기의 통로를 완전히 막고 연구개를 아래로 내리어 코로 허파에서 올라온 공기가 나가게 한다. 성대는 진동해야 한다. 한국어의 /ㄴ/과 매우 비슷한 소리다.

/n/을 나타내는 철자는 다음과 같다.

/n/	**n**	trai**n**[trein], wi**n**dow[wíndou], a**n**y[æni]
	nn	pe**nn**y[péni], fu**nn**y[fʌni], ma**nn**er[mǽnər]
	kn	**kn**ife[naif], **kn**ock[nak], **kn**ow[nou]
	ln	Linco**ln**[líŋkən]
	gn	si**gn**[sain], **gn**aw[nɔː]
	ne	ma**ne**[mein], cane[kein]
	dne	We**dne**sday[wénzdei/-di]

• /n/이 포함된 단어를 큰 소리로 발음해보자.

어두(initial)	어중(medial)	어미(final)
neat[niːt]	dinner[dínər]	learn[ləːrn]
net[net]	funny[fʌni]	melon[mélən]
know[nou]	many[méni]	pen[pen]
knit[nit]	windy[wíndi]	coin[kɔin]
gnaw[nɔː]	manner[mǽnər]	pain[pein]

3) /ŋ/ **유성연구개비음**(voiced velar nasal)

/ŋ/는 혀의 뒷부분(후설)을 연구개(soft palate) 아래에 두고 허파에서 올라오는 공기를 완전히 차단한 후 코 안에서 공명을 이루어 만들어 내는 소리이다. 한국어의 /ㅇ/과 흡사하다.

/ŋ/을 나타내는 문자는 다음과 같다.

/ŋ/		
	n	a**n**gry[ǽŋgri], i**n**k[iŋk], E**n**glish[íŋgliʃ], u**n**cle[ʌŋkl]
	ng	si**nger**[síŋər], ki**ng**[kiŋ], ha**ng**er[hǽŋər]
	nd	ha**nd**kerchief[hǽŋkərʧif]
	ngue	to**ngue**[tʌŋ]

• /ŋ/이 포함된 단어를 큰 소리로 발음해보자.

어중(medial)	어미(final)
singer[síŋər]	doing[dúːiŋ]
ink[iŋk]	bring[briŋ]
strongly[strɔ́ːŋli]	coming[kʌmiŋ]
uncle[ʌŋkl]	song[sɔ́ːŋ]

영어에서 /ŋ/이 어두에 나타나는 경우가 없다. 마찬가지로 한국어에서도 /o/이 어두에서 발음되지 않아 공통점을 보이고 있다.

어떤 단어가 '-nger'로 끝날 때 'ng'의 발음은 어떻게 될까? 다음 두 가지 경우로 나타난다.

1. /ŋ/: 동사에 행위자를 나타내는 '-er'이 더해진 경우에 /ŋ/으로 발음된다.
   hanger[hǽŋə*r*], singer[síŋə*r*]

2. /ŋg/:
   a. 형용사나 부사의 비교급을 만들기 위해 접미사로 '-er'이 더해진 경우에 /ŋg/로 발음된다.
      younger[jʌŋgə*r*], stronger[strɔːŋgə*r*]

   b. 원래 존재하는 단어인 경우
      anger[ǽŋgə*r*], hunger[hʌŋgə*r*]

캐롤 키드(Carol Kidd)의 노래 "When I dream"이 영화 "쉬리"의 주제가로 사용된 후 선풍적인 인기를 얻을 때였다. 어느 날 한 학생이 'singer'의 발음에 대한 이의를 제기했다. 영어 원어민인 캐롤 키드가 *singer*의 발음을 /siŋgə/로 한다는 것이다. 캐롤 키드는 그녀의 노래에서 학생의 지적처럼 *singer*의 발음을 분명하게 /siŋgə/로 한다. 그러나 그녀는 미국인이 아니며, 더군다나 스코틀랜드(Scotland)의 글로스고(Glasgow)에서 태어나 스코틀랜드 방언을 구사하는 영국인이다. 스코틀랜드 방언은 '-ng'의 발음을 /ŋg/로 한다.

4-1-5. 측음(Lateral)

/l/ 유성치경측음(voiced alveolar lateral)

/l/은 혓날을 윗잇몸에 대고 공기가 혀의 좌우로 마찰이 거의 생기지 않게 흘러 나가면서 생기는 유성음이다.
/l/로 발음되는 철자는 'l'과 'll'뿐이다.

/l/ l **l**ake[leik], **l**ine[lain], **l**aw[lɔː], f**l**y[flai]

ll do**ll**[dɑl], ca**ll**[kɔːl], te**ll**[tel], ta**ll**[tɔːl]

"달아 달아 밝은 달아 이태백이 놀던 달아 ~"에서 '달'의 발음에 주목해보자. ‘달’을 말할 때 받침 ‘ㄹ’이 바로 영어 /l/의 소리이다. 정확한 음가를 가지는 명료한(clear) /l/의 발음인 것이다. 한편 ‘milk’와 같은 단어에서 발음되는 ‘l’을 불명료한(dark) /l/이라 한다. 이때 불명료한 /l/의 발음은 ‘미역’의 ‘여’를 발음할 때처럼 혀를 뒤로 당긴다. 명료한 /l/과 불명료한 /l/의 분포를 보면 다음과 같다.

	# _____,	C_____V,	_____C,	_____\$,	_____#
clear /l/	late	black			
dark /l/ ([ɫ])			milk	village	simple

- /l/의 위치에 따른 차이를 느끼면서 /l/이 포함된 단어를 큰 소리로 발음 해보자.

어두(initial)	어중(medial)	어미(final)
late[leit]	glance[glæns]	feel[fiːl]
low[lou]	black[blæk]	fall[fɔːl]
leave[liːv]	glow[glou]	doll[dal]
lake[leik]	fly[flai]	small[smɔːl]
law[lɔː]	collar[kάlər]	meal[miːl]
laud[lɔːd]	alarm[əlάːrm]	all[ɔːl]
last[læst]	alive[əláiv]	ball[bɔːl]
leave[liːv]	asleep[əslíːp]	call[kɔːl]
left[left]	along[əlɔ́ːŋ]	doll[dal]
letter[létər]	only[óunli]	tell[tel]
love[lʌv]	village[víliʤ]	small[smɔːl]

4-1-6. 접근음(approximant)

조음자인 혀가 조음점으로 접근하면서 형성되는 소리라 하여 접근음(approximant)이라 한다. 즉, 모음처럼 혀가 조음점에 닿지 않고 나는 소리이다.

자음표 (consonant chart)에서 조음방법(manner of articulation)은 폐에서 나오는 공기의 흐름을 저해하는 정도에 따라 배열된 것이다. 공기의 흐름을 완전히 차단하는 폐쇄음에서부터 공기의 흐름이 덜 저해되는 순서로 나열되었다. 접근음(Approximant)은 조음방법 나열 순위에서 맨 아래에 위치해 있으며 공기의 흐름이 모음처럼 자유롭다. 자음이면서도 음성학적으로 모음의 특성을 지니는 까닭에 반모음 (semi-vowel)이라고 하고, 조음위치가 명료하지 않아 이행음/경과음 (glide consonsant)이라고도 한다.

영어는 하강이중모음만을 인정한다. 따라서 우리는 영어의 접근음 /r, j, w/를

a. 모음 앞에서는 자음으로 간주하여 /r, j, w/로 표기하고
b. 모음 뒤에서는 모음(반모음)으로 간주하여 /ə, i, u/로 표기한다.

접근음의 음성학적 특성은 두 조음기관이 접근하면서 마찰이 생길 정도로 공기의 흐름이 저해되지 않고, 성대가 진동하면서 소리가 형성되기 때문에 모음의 성질을 많이 가지고 있다. 이러한 모음의 성질 때문에 반모음(semi-vowel)이라고 한다.

접근음이 음성학적으로 모음의 성질을 소유하고 있음에도 불구하고 모음으로 간주될 수 없는 이유와 근거를 음운론적 관점에서 살펴보자.

첫째, 접근음 /r, j, w/가 모음 뒤에 오는 경우에 이들을 하나의 모음으로 해석하지 않고 그 앞에 있는 모음과 함께 이중모음을 구성하는 음절부음(nonsyllabic)으로 간주한다. 이는 접근음이 모음과는 달리 음절의 중심이 되는 음절주음(音節主音: syllabic)의 역할을 하지 못한다는 것을 보여주는 것이며, 따라서 모음은 반듯이 음절의 중심이 되어야 한다는 모음의 정의에 위배된다. 이중모음은 2개의 모음이 아니라 하나의 모음으로 간주되는 소리이다. *pair*, *main*, *house*와 같은 단어에서 이중모음 /ɛə, ei, au/의 음절부음 /ə, i, u/는 모음 /ɛ, e, a/의 조음위치에서 /ə, i, u/의 조음위치로 신속하게 이동해 가는 경과음에 불과하다. 이런 까닭에 트라거-스미스(Trager-Smith)와 같은 미국의 음성학자들은 이중모음에서의 음절부음이 모음이 아님을 분명하게 나타내기 위하여 /er, ey, aw/와 같은 음성

표기법을 사용한다.

둘째, 영어의 관사 사용 규칙에 따르면 명사구 앞에 관사가 자리할 때 뒤따르는 단어가 모음이면 부정관사인 경우에는 *an*을 취하고, 정관사인 경우에는 /ði/로 발음한다. 따라서 접근음이 모음이라면 명사구가 취하는 부정관사는 *an*이 되고, 정관사는 /ði/로 발음되어야 한다. 아래의 예를 보자. 철자상 모음으로 시작하는 *European* 앞에 부정관사 *a*가 사용되었고, 철자상 자음으로 시작하는 *honest* 앞에는 부정관사 *an*이 사용되었다. 그 까닭은 *European*의 발음은 접근음 /j/로 시작되고, *honest*의 경우에는 어두가 모음 /a/로 시작되기 때문이다.

a European baby [ə jùərəpíən béibi]
an honest baby [ən ɑ́nist béibi]

접근음은 조음 위치에 따라 다음과 같이 분류된다.

a. 후치경 접근음(post-alveolar approximant) /r/: ring, read, road, rude
b. 구개 접근음(palatal approximant) /j/: yes, yield, you, yoke, beyond
c. 연구개 접근음(velar approximant) /w/: we, war, west

1) /r/ 유성후치경접근음(voiced post-alveolar approximant)

/r/은 연구개를 올려 코로 향하는 공기를 차단하고 혓날을 치경 뒤쪽으로 말아 올려 발음한다. 발음할 때 공기가 혀의 중앙을 따라 마찰을 일으키지 않고 자유롭게 빠져나가고 성대의 진동을 수반하는 유성 접근음이다. 입 안의 중앙을 빠져 나가는 공기에 실려나는 소리라 하여 설측음(lateral) /l/과 비교하여 중앙음(central)이라고도 한다. /r/의 변이음(allophone)은 매우 많다. 존즈를 비롯한 영국의 학자들은 /r/을 후치경 마찰음(post-alveolar fricative)으로 간주한다. 반면에 미국의 언어학자들은 /r/을 반모음(semi-vowel), 이행음(glide) 또는 접근음(approximant)으로 규정한다. 그 까닭은 /r/은 항상 모음 앞이나 뒤를 따르는 소리인데, 천천히 변화하는 특성 때문에 어디서 그치고, 어디서 시작하는가를 말하기 힘이 드는 까닭이다. /r/은 모음 앞에서는 점점 강한 소리가 되고 모음 뒤에서는 점점 약한 소리가 된다. 특

히 RP와 미국 동부(New England)와 남부지역 일부에서는 마지막 /r/ 발음을 생략한다. 예를 들면

far [fa:]
butter [bʌ́tə:]

어말에 위치한 /r/을 발음하는 G.A.에서는 혓날을 치경 뒤쪽으로 구부려 발음한다. 미국영어가 영국영어에 비해 혀 꼬부라지는 소리가 난다는 이유가 여기에 있다.

/r/로 발음되는 철자는 다음과 같다.

/r/	**r**	**r**ain[rein], **r**ed[red], **r**abbit[rǽbit]
	rr	te**rr**ible[térəbl], so**rr**y[sɑ́ri], me**rr**y[méri], ca**rr**y[kǽri]
	wr	**wr**ote[rout], **wr**ite[rait], **wr**ong[rɔ́:ŋ]
	rh	**rh**ythm[ríðm], **rh**etoric[rétərik]

Exercises

- /r/이 포함된 단어를 큰소리로 발음해보자.

어두(initial)	어중(medial)	어두(final)
rabbit[rǽbit]	dry[drai]	are[ə*r*]
race[reis]	glory[glɔ́:*r*i]	more[mɔ:*r*]
rack[ræk]	sorry[sɑ́ri]	here[hiə*r*]
round[raund]	mirror[mírə(r)]	car[ka:*r*]
red[red]	orange[ɔ́:*r*indʒ]	father[fɑ́:ðə*r*]
ride[raid]	terrible[térəbl]	hear[hiə*r*]
rain[rein]		

- 각 쌍의 낱말을 발음하면서 /r/과 /l/의 차이점을 느껴보자.

/r/	/l/
array[ə*r*éi]	allay[əléi]
bear[bɛə*r*]	bell[bel]

correct[kərékt]	collect[kəlékt]
hear[hiə*r*]	hill[hil]
rain[rein]	lain[lein]
raw[rɔː]	law[lɔː]
ram[ræm]	lamb[læm]

- /l/과 /r/을 구별하여 발음해 보자.

/l/	/r/
lise[líːsə]	rise[raiz]
link[liŋk]	rink[riŋk]
lair[lɛə*r*]	rare[rɛə*r*]
late[leit]	rate[reit]
laid[leid]	rake[reik]
long[lɔːŋ]	wrong[rɔ́ːŋ]

2) /j/ **유성경구개접근음**(voiced palatal approximant)

/j/는 혀의 앞부분을 후치경과 연구개 사이로 접근시키고 혀의 좌우를 윗니에 밀착시켰다가 뒤따르는 모음의 조음위치로 미끄러지듯 지나는 음이다.

/j/를 나타내는 철자는 다음과 같다.

/j/	**y**	**y**oung[jʌŋ], **y**es[jes], **y**ear[jiə*r*], **y**awn[jɔːn]
	i	bill**i**on[bíljən], Will**i**am[wíljəm]
	e	b**e**autiful[bjúːtəfəl], court**e**ous[kə́ː*r*tiəs]
	u	**u**niversity[jùːnəvə́ː*r*səti], **u**nique[juːníːk]

- /j/가 포함된 낱말을 큰소리로 발음해보자.

어두(initial)	어중(middle)
yard[jaː*r*d]	abuse[əbjúːz]
yawn[jɔːn]	amuse[əmjúːz]

you[ju]	canyon[kǽnjən]
yes[jes]	value[vǽlju:]
yellow[jélou]	billion[bíljən]

3) /w/ **유성연구개접근음**(voiced velar approximant)

/w/는 발음할 때 입술을 좁히고, 또 혀의 뒷부분 후설을 연구개 가까이로 접근시켜야 하므로 양순음이면서 동시에 연구개음이다. /w/는 이중모음 /ou/의 /u/와 같은 발음이다.

/w/를 나타내는 철자는 다음과 같다.

/w/	**w**	**w**et[wet], **w**ell[wel], **w**atch[watʃ], **w**ood[wud]
	o	**o**ne[wʌn], **o**nce[wʌns], **o**ner[wʌnə*r*]

Exercises

- /w/가 포함된 낱말을 큰소리로 발음해보자.

어두(initial)	어중(middle)
walk[wɔ:k]	always[ɔ́:lweiz]
want[want]	anyway[éniwèi]
was[wəz]	awake[əwéik]
word[wə:*r*d]	forward[fɔ́:*r*wə*r*d]
we[wi:]	sandwich[sǽndwitʃ]
wish[wiʃ]	twelve[twelv]

- 다음을 구별하여 발음해보자.

/w/	/r/
weep[wi:p]	reap[ri:p]
week[wi:k]	reek[ri:k]
won[wʌn]	run[rʌn]
wed[wed]	red[red]

wait[weit] rate[reit]
wail[weil] rail[reil]
twig[twig] trig[trig]

우리는 정확한 영어 발음을 위해 지금까지 자음 음소 하나 하나에 대해 알아보았다. 이제 음성학에서 사용되는 몇 가지 용어에 대해 알아보자.

a. (상)동기음(homorganic sound): 동일함(same)을 뜻하는 'homo'와 기관을 뜻하는 'organic'의 합성어이다. 즉, 같은 조음위치에서 발생하는 음이다.
/p/, /b/, /m/

b. 비동기음(heterorganic sound): 서로 다른 조음기관에서 발음되는 소리이다. 즉, 서로 다른 조음위치에서 발생하는 음소를 말한다.
/p/, /t/, k/

c. 동음이의어(同音異義語, homonym): 발음과 철자가 같고 의미가 다른 단어를 말한다.
bear(동사) vs. bear(명사)

d. 이철자동음이의어(異綴字同音異義語, homophone): 발음이 같으나 철자와 의미가 다른 단어를 말한다.
night vs. knight [nait],
suite vs. sweet [swi:t]

e. 자유변이(自由變異音, free variation): 어떤 두(또는 그 이상) 음이 나타나는 모든 환경을 공유하면서 의미의 차이를 나타내지 않을 때, 이들 음은 자유변이의 관계에 있다고 한다. 이들 자유변이음은 같은 사람에 의해서 여러 가지 다른 발화에 쓰일 수도 있고, 다른 사람에 의해서 같은 환경에 쓰일 수도 있는데, 다른 음소에 속할 수는 없다. 아래 예에서 어말의 /p/는 b)처럼 비개방음으로 발음하는 것이 정상적인 발음이지만 경우에 따라서 a)와 같이 발음 될 수 있다.

tip /tip/: a. [pʰ] (aspirated)
b. [p˺] (unreleased)

4-2. 모음(Vowel)

모음은 구강을 통하는 공기의 자유로운 흐름(free flow of air)으로 정의 된다. 반면에 자음은 공기의 흐름이 왜곡되고 저해됨으로써 생성되는 음이다.

Vowels are defined by a free flow of air through the oral cavity.

우리가 개별 모음의 조음위치를 설명하기 위해 흔히 말하는 '모음 삼각도' 혹은 '모음 사각도'는 아래 그림에서 볼 수 있듯이 입 안의 혀의 위치에 근거하여 작성한 것이다.

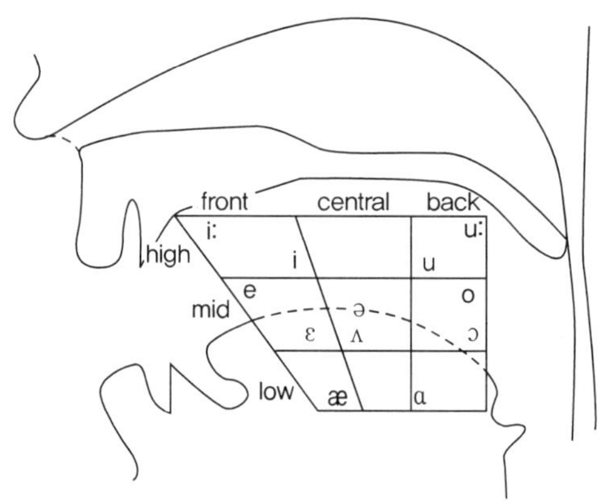

| 그림 11 | 모음 사각도

모음은 자음과 달리 홀로 사용될 수 있으나 정보의 전달 측면에서 보면 자음과 비교하여 너무 빈약하다. 다음 예를 보자.

a. / liŋgwistiks iz ə saiəntifik stʌdi/ (linguistics is a scientific study.)

영어를 모국어로 하는 화자에게 자음을 제거한 아래 b)의 경우와, 모음을 제거한 아래 c)의 경우를 보자.

b. / -i--i--i i ə aiə--i /

c. / l-ŋgw--st-ks -z - s---t-f-k st-d- /

영어를 모국어로 하는 화자들은 b)가 무엇을 의미하는지 거의 알 수 없으나, c)는 무엇을 의미하는지를 유추하는 것이 가능하다. 자음의 형성은 여러 조음기관이 동원되며 범위가 넓게 퍼져있는 반면에, 모음의 형성은 입안의 좁은 조음 범주 안에서 혀의 미묘한 차이로 이루어진다. 자음과 달리 모음에 대해서 많은 다른 주장과 분류 방식이 달리 존재하는 까닭은 이처럼 모음의 조음적 특성이 명료하지 못한 데 있다. 따라서 모음에 많은 정보량이 실리지 않는 것이 당연하고 다행한 일이다. 자음과 비교하여 모음의 특성에 대해서는 앞에서 밝힌 바 있다.

영어의 모음 특성을 알려주는 4가지 분류 기준점은 다음과 같다.

a. 혀의 높이(tongue height): 입안에서 혀의 높이에 따른 분류
b. 혀의 위치(tongue position): 입안에서 혀의 전 후 위치에 따른 분류
c. 입술 모양(lip rounding): 입술 모양의 둥글게 되는 정도에 따른 분류
d. 발성기관의 긴장도(tension of muscles): 발성기관의 긴장도에 따른 분류

1) 혀의 높이(tongue height): 혀의 높낮이에 따른 모음의 분류이다. 입안에서 혀가 높이 위치한 경우를 고모음(high vowel), 혀가 가장 낮은 경우를 저모음(low vowel), 그리고 혀가 그사이에 위치한 경우를 중모음(mid vowel)이라 한다.

   a. 고모음(high vowel): /iː/, /i/, /uː/, /u/
   b. 중모음(mid vowel): /e/, /ɛ/, /ə/, /ʌ/, /o/, /ɔ/
   c. 저모음(low vowel): /æ/, /ɑ/

2) 혀의 위치(tongue position): 혀의 전후 위치에 따른 모음의 분류이다. 혀의 앞부분에서 조음되면 앞모음(front vowel), 뒤에서 조음되면 뒷모음(back vowel), 그리고 가운데에서 조음되면 중간모음(central vowel)이라 한다.

a. 앞모음(front vowel): /i:/, /i/, /e/, /ɛ/, /æ/
b. 중간모음(central vowel): /ə/, /ʌ/
c. 뒷모음(back vowel): /u:/, /u/, /o/, /ɔ/, /ɑ/

3) 입술 모양(lip rounding): 입술 모양의 생김새에 따른 모음의 분류이다. 조음할 때 입술이 둥글게 모아지면 원순모음(圓脣, rounded vowel)이라하고, 입술이 옆으로 당겨지면 평순모음(平脣, unrounded vowel)이라 한다.

a. 원순모음(rounded vowel): /u:/, /u/, /o/, /ɔ/, /ɑ/
b. 평순모음(unrounded vowel): /i:/, /i/, /e/, /ɛ/, /ə/, /ʌ/, /æ/

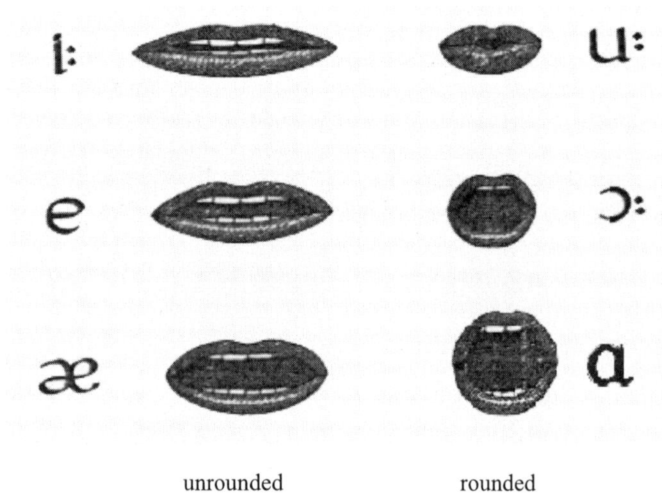

| 그림 12 | 모음 입술모양(Vderhill, 2005: 14)

4) 발성기관의 긴장도(tension of muscles,): 발성기관의 긴장도에 따른 모음의 분류이다. 조음할 때 발성기관이 긴장하면 긴장모음(tense vowel)이라 하고, 긴장이 없으면 이완모음(lax vowel)이라 한다.

전통 조음음성학에서 모음의 특성을 분류하는데 사용되는 발성기관의 긴장도 항목은 오늘날 '설근의 돌출성(Advanced Tongue Root, A.T.R.)'으로 설명된다. 의학과 과학의 도움을 받아 검증해 본 결과 장모음 /i:/와 같은 긴장모음을 발음 할 때 단모음 /i/를 발음할 때보다 발성기관이 긴장 한다기 보다는 설근(혓뿌리, root of tongue)이 앞으로 나아간다는 것이다. 표기는 긴장 모음을 '+A.T.R.', 이완모음을 '-A.T.R.'로 한다.

a. 긴장모음(tense vowel): /iː/, /uː/, /e/, /o/
b. 이완모음(lax vowel): /i/, /u/, /ɛ/, /ə/, /ʌ/, /ɔ/, /æ/, /ɑ/

4-2-1. 앞 모음(front vowels)

혀의 앞쪽에서 발음되는 /iː/, /i/, /e/, /ɛ/, /æ/가 앞 모음이다.

1) /iː/ (front high unrounded tense)

입안에서 혀를 앞부분을 앞으로 위로 이동시키고 입술을 양 옆으로 이동시킨다는 느낌으로 발음한다. 혓뿌리가 앞으로 나아가는 긴장음(tense)이다. 한국어의 /이/와 비슷하다. 혀의 앞부분이 거의 입천장에 닿을 정도이고 입의 개방이 적으며 입술이 양 옆으로 당겨져서 입술이 옆으로 벌어진다. 입술이 좌우로 당겨지는 느낌이 들게 한다.
/iː/를 나타내는 철자는 다음과 같다.

/iː/	**ee**	**week**[wiːk], **see**[siː], **seek**[siːk], **deed**[diːd]
	ea	**sea**[siː], **weak**[wiːk], **bean**[biːn], **peace**[piːs]
	e	**we**[wíː], **be**[biː], **he**[híː], **me**[míː]
	ie	**fie**ld[fiːld], **chief**[tʃiːf], **fief**[fiːf]
	ei	rec**ei**ve[risíːv], **sei**ze[siːz], **nei**ther[níːðər]
	eo	p**eo**ple[píːpl]
	i	reg**i**me[reiʒíːm], pol**i**ce[pəlíːs]
	ey	**key**[kiː]

ui	mosu**qui**to[məskíːtou]
oe	am**oe**ba[əmíːbə]
uay	q**uay**[kiː]

• /iː/가 포함된 단어를 큰소리로 발음해보자.

see [siː]	meet [miːt]	need [niːd]	beed [biːd]
deed [diːd]	meal [miːl]	lead [liːd]	peace [piːs]

• 어두, 어중, 어미에 /iː/가 포함된 단어를 큰소리로 발음해보자.

어두(initial)	어중(medial)	어미(final)
each[iːʧ]	feet[fiːt]	be[biː]
eager[íːgə*r*]	green[griːn]	agree[əgríː]
east[iːst]	please[pliːz]	she[ʃiː]
eve[iːv]	these[ðiːz]	key[kiː]

2) /i/ (front high lax unrounded)

입안에서 혀의 앞부분을 앞으로 위로 이동시키고 입술을 양 옆으로 늘린다는 느낌으로 발음한다. /iː/과 비교하여 혓뿌리가 앞으로 나아가지 않는 이완음(lax)이다. /i/의 발음은 /iː/ 보다는 더 짧게 발음되고 /i/는 /iː/보다 좀 낮고 안으로 약간 들어온다. 이 모음은 /iː/ 보다는 긴장되지 않게 발음된다. 한국어의 /이/ 보다는 훨씬 짧게 발음된다.

/i/ 음을 나타내는 철자는 다음과 같다.

/i/	**e**	pr**e**tty[príti]
	i	m**i**lk[milk]
	y	m**y**th[miθ]
	o	w**o**men[wímin]
	u	b**u**sy[bízi]
	ui	b**ui**ld[bild]
	hy	r**hy**thmic[ríðmik]

• /i/가 포함된 단어를 큰소리로 발음해보자.

어두(initial)	어중(medial)	어미(final)
if[if]	middle[mídl]	taxi[tǽksi]
idiot[ídiət]	bill[bil]	baby[béibi]
ignore[ignɔ́:r]	give[giv]	carry[kǽri]
inch[intʃ]	kin[kin]	penny[péni]
it[it]	wish[wiʃ]	sorry[sɔ́ri]

• /i:/와 /i/의 차이를 느끼면서 발음해보자.

/i:/	/i/
bead [bi:d]	bid [bid]
deem [di:m]	dim [dim]
beet [bi:t]	bit [bit]
been [bi:n]	bin [bin]
deep [di:p]	dip [dip]
deed [di:d]	did [did]
deal [di:l]	dill [dil]
peak [pi:k]	pick [pik]
peal [pi:l]	pill [pil]
teen [ti:n]	tin [tin]
keen [ki:n]	kin [kin]
keel [ki:l]	kill [kil]

3) /e/ (front mid unrounded tense)

혀의 앞부분을 입 중간까지 올리고 입술은 둥글게 하지 않고 /e/를 발

음한다. 혓뿌리가 앞으로 나아가는 긴장음(tense)이다. 한국어의 /에/와 비슷하며 입을 약간 더 열고 발음한다. 즉 혀의 위치가 /에/보다 더 낮고 더 뒤에서 발음된다.

/e/를 나타내는 철자는 다음과 같다.

/e/	**a**	m**a**ny[méni]
	ai	s**ai**d[sed]
	ay	s**ay**s[sez]
	u	b**u**ry[béri]
	ea	sw**ea**t[swet]
	ei	l**ei**sure[líːʒə*r*]
	ie	fr**ie**nd[frend]
	eo	l**eo**pard[lépə*r*d]

- /e/가 포함된 단어를 큰소리로 발음해보자.

says[sez]	said[sed]	any[eni]	friend[frend]
bury[beri]	bread[bred]	sweat[swet]	leopard[lepəd]
weapon[wepən]	legend[leʤənd]	epicurean[epikjuəriːən]	

- /e/와 /i/의 혀의 위치의 차이를 느끼면서, /e/를 /i/와 구별하여 발음해보자.

/e/	/i/
Ben [ben]	bin [bin]
beg [beg]	big [big]
bet [bet]	bit [bit]
bell [bel]	bill [bil]
dead [ded]	did [did]
pen [pen	pin [pin]
peg [peg]	pig [pig]
peck [pek]	pick [pik]

ken [ken]	kin [kin]
fell [fel]	fill [fil]
set [set]	sit [sit]
hem [hem]	him [him]

4) /ɛ/ (front mid unrounded lax)

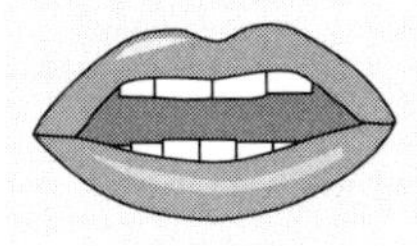

/ɛ/는 대체로 앞의 /e/와 유사한 점이 많다. 그러나 /e/는 흔히 장음화되는 데 반하여 /ɛ/는 짧고 이완음(lax)이다. 한국어의 /에/와 /애/ 중간쯤 되는 음이다.

/ɛ/를 나타내는 철자는 다음과 같다.

/ɛ/	**e**	b**e**t[bet]
		m**e**t[met]
		n**e**t[net]
		p**e**t[pet]
		m**e**ss[mes]

5) /æ/ (front low unrounded lax)

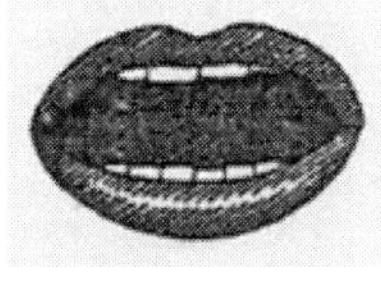

혀의 위치를 아주 낮추고 입은 크게 벌리며, 입술은 둥글지 않게 하여 혀의 앞부분에서 소리를 낸다. 이완음(lax)이다. 한국어의 /애/와 비슷하나 /애/보다 입을 더 크게 벌리고 조금 뒤에서 발음한다.

- /æ/의 위치를 염두에 두면서 다음 낱말을 큰소리로 발음해보자.

sam[sæm]	sack[sæk]	pat[pæt]
hat[hæt]	nat[næt]	cap[kæp]
cat[kæt]	dad[dæd]	bad[bæd]

- /æ/가 포함된 단어를 주의 깊게 발음해보자. /æ/는 결코 어말에 오지 않는다.

어두(initial)	어중(medial)
add[æd]	back[bæk]
at[æt]	bag[bæg]
animal[ǽnəməl]	black[blæk]
action[ǽkʃən]	map[mæp]
apple[ǽpl]	had[hǽd]
as[ǽz]	than[ðǽn]
anger[ǽŋgər]	that[ðæ't]
accept[æksépt]	mad[mæd]

- /e/와 /æ/의 혀의 위치의 차이를 살피고, /e/를 /æ/와 구별하여 발음해보자. 참고로, 조사결과에 따르면 한국인들은 /에/와 /애/를 구별해서 발음하거나 듣지 못한다. 다만 문맥에 의존하여 구분할 뿐이다.

/e/	/æ/
beg [beg]	bag [bæg]
shell [ʃel]	shall [ʃæl]
head [hed]	had [hæd]
peck [pek]	pack [pæk]
beck [bek]	back [bæk]
leg [leg]	lag [læg]
then [ðen]	than [ðæn]
bet [bet]	bat [bæt]
hem [hem]	ham [hæm]
ken [ken]	can [kæn]

met [met]	mat [mæt]
neck [nek]	knack [næk]
pen [pen]	pan [pæn]
set [set]	sat [sæt]

4-2-2. 중앙모음(central vowels)

우리 교재에서는 중앙모음(central vowels)으로 /ə/와 /ʌ/ 두 개만을 인정한다.

1) /ə/ (central mid unrounded lax)

입안에서 혀의 위치를 가운데 두고, 입술을 둥글게 하지 않으며 가장 편안한 상태로 발음하는 소리다. 이완음이다. 이러한 까닭에 이 소리는 애매(schwa)음, 중간(neutral)음, 또는 자연(natural)음 등의 별칭을 가지고 있다. /ə/는 한국어의 /어/와 비슷하나, '어'보다는 조금 앞이고, 조금 낮아서 소리가 다소 다르다.

/ə/를 나타내는 철자는 다음과 같다.

/ə/	**o**	am**o**ng[əmʌ́ŋ]
	u	**u**pon[əpɑ́n]
	ou	fam**ou**s[féiməs]
	a	**a**lone[əlóun]

약세 음절에서 있는 /ə/는 유음(측음) /l/이나 비음 /m/, /n/ 앞에서 흔히 생략된다. 이 때 /l/, /m/, /n/은 성절적 자음(syllabic consonant)이 된다.

button [bʌ́tən]	→	[bʌtn̩]
sudden [sʌ́dən]	→	[sʌdn̩]
camel [kǽməl]	→	[kæml̩]

- /ə/가 포함된 낱말을 큰소리로 발음해보자.

어두(initial)	어중(medial)	어미(final)
another[ənʌðər]	butter[bʌtər]	sofa[sóufə]
aboard[əbɔ́:rd]	but[bət]	data[déitə]
about[əbáut]	butterfly[bʌtərflài]	zebra[zí:brə]
ago[əgóu]	button[bʌtən]	drama[drά:mə]
allow[əláu]	bottom[bάtəm]	comma[kάmə]
approve[əprú:v]	does[dəz]	dogma[dɔ́:gmə]

2) /ʌ/ (central mid unrounded lax)

혀의 위치나 입모양은 /ə/와 같다. 항상 어느 정도의 강세를 받지만 대개 짧게 발음되는 이완음이다. /ə/는 약세 음절에 나타나고, /ʌ/는 강세음절에 나타난다. 일반적으로 /ə/는 /ʌ/도 포함한다. 왜냐하면 /ə/와 /ʌ/의 차이는 매우 적어서 많은 언어학자들도 차이를 무시해서 이 둘을 /ə/ 하나로 간주한다.

/ʌ/를 나타내는 철자는 다음과 같다.

/ʌ/	**u**	**u**tter[ʌ́tə*r*]
		h**u**rry[hʌ́ri]
		c**u**p[kʌp]
		s**u**n[sʌn]
		d**u**ll[dʌl]
	o	s**o**n[sʌn]
		c**o**me[kʌm]
		d**o**ne[dʌn]

4-2-3. 뒷 모음(back vowels)

뒷 모음으로는 /u:/, /u/, /o/, /ɔ/, /ɑ/ 다섯 개의 모음이 있다.

1) /u:/ (back high rounded tense)

입안에서 혀의 뒷부분을 연구개 쪽으로 올리고 입술 모양을 좁고 동그랗게 하여 앞으로 내민다. /i/에 비해 혓뿌리가 앞으로 나아가는 긴장음이다. 한국어의 /우/와 매우 비슷하나 /우/는 /u:/ 보다 약한 소리이다. 우리는 여기서 /i:/와 /u:/를 단모음으로 취급하고 있으나 많은 현대 미국 언어학자들은 이들을 이중모음으로 생각하고 /u:/를 /uw/로, /i:/를 /iy/로 표기하고 있다.

/u:/를 나타내는 철자는 다음과 같다.

/u:/	**u**	**ru**de[ru:d], **ru**le[ru:l]
	o	d**o**[du:], soon[su:n]
	oo	s**oo**n[su:n], c**oo**l[ku:l]
	oe	sh**oe**[ʃu:], can**oe**[kənú:]
	ou	y**ou**[jú:], y**ou**th[ju:θ]
	ue	bl**ue**[blu:], tr**ue**[tru:]
	ui	fr**ui**t[fru:t], j**ui**ce[ʤu:s]
	ew	ch**ew**[ʧu:], gr**ew**[gru:]
	oeu	man**oeu**vre[mənú:vər]

• /u:/가 포함된 낱말을 큰소리로 발음해보자.

어두(initial)	어중(medial)	어말(final)
blue[blu:]	cool[ku:l]	canoe[kənú:]
bamboo[bæmbú:]	food[fu:d]	bamboo[bæmbú:]
chew[ʧu:]	goose[gu:s]	shoo[ʃu:]
do[du:]	school[sku:l]	shoe[ʃu:]
true[tru:]	whose[hu:z;]	taboo[təbú:]

shoe[ʃuː]	shoot[ʃuːt]	glue[gluː]
through[θruː]	moon[muːn]	clue[kluː]
oud[uːd]	choose[ʧuːz]	drew[druː]

2) /u/ (back high rounded lax)

혀의 뒷부분을 연구개 쪽으로 올려 나는 소리인데 혀의 위치는 /uː/ 보다 낮고, 입술은 둥글게 하고 근육도 긴장하지 않는 이완음이다. 짧게 발음해야 한다. 한국어의 /우/보다는 더 짧게 발음해야 된다. 한국어의 /우/는 입술이 동그랗게 되는 정도가 그렇게 현저하게 나타나지 않는다.

/u/를 나타내는 철자는 다음과 같다.

/u/	**u**	p**u**t[put], f**u**ll[ful]
	o	w**o**lf[wulf], w**o**man[wúmən]
	oo	l**oo**k[luk], b**oo**k[buk]
	ou	c**ou**ld[kud], sh**ou**ld[ʃud]

- /u/가 포함된 낱말을 큰소리로 발음해보자. /u/는 영어에서 첫소리와 끝소리에 없고 다만 중간소리에서만 존재한다.

book[buk]	brook[bruk]
could[kud]	bush[buʃ]
good[gud]	cook[kuk]
look[luk]	foot[fut]
full[ful]	wool[wul]
put[put]	nook[nuk]
should[ʃud]	puss[pus]

- /u/와 /uː/의 혀의 위치의 차이를 구별하여 발음해보자.

/u/	/uː/
pull[pul]	pool[puːl]
could[kud]	coo[kuː]

stood[stud]	stewed[stju:d]
should[ʃud]	shoo[ʃu:]
look[luk]	luke[lu:k]
foot[fut]	food[fu:d]
full[ful]	fool[fu:l]

3) /o/ (back mid tense rounded)

RP와 GA 모두에서 이중모음이 되는 경향이 강하다. 특히 GA에서는 강세를 받거나 어말에 위치 할 때에 완전히 이중모음화 하여 /ou/로 발음하고 표기한다.

- /ou/가 포함된 단어를 큰소리로 발음해보자.

어두(initial)	어중(medial)	어미(final)
obey[oubéi]	soap[soup]	toe[tou]
old[ould]	road[roud]	sow[sou]
oak[ouk]	soul[soul]	show[ʃou]
old[ould]	zone[zoun]	foe[fou]

4) /ɔ/ (back mid rounded lax)

/o/와 발음하는 요령이 비슷하지만 입을 약간 더 벌린다. 발성기관이 긴장하지 않는 음이다. 한국어의 /오/는 /o/와 /ɔ/에 중간에 해당하는 음이므로, 영어의 /ɔ/는 한국어의 /오/를 발음 할 때 보다 입을 더 벌리고 입을 더 오므리면서 입 안의 깊은 곳에서부터 약간 긴장된 음으로 조음해야 한다. 특히 미국영어의 /ɔ/를 발음할 때는 적어도 손가락 둘은 나란히 겹친 크기가 입 안으로 들어갈 정도로 입을 많이 벌려야 한다.

/ɔ, ɔ:/로 발음되는 철자는 다음과 같다.

/ɔ, ɔː/	**a**	**a**ll[ɔːl], w**a**ter[wɔ́ːtər]
	aw	s**aw**[sɔː], l**aw**n[lɔːn]
	au	**au**thor[ɔ́ːθər]
	ou	**ou**ght[ɔːt]
	oa	r**oa**r[rɔːr]
	oo	fl**oo**r[flɔːr]

- /ɔ, ɔː/가 포함된 낱말을 큰소리로 발음해보자.

어두(initial)	어중(medial)	어미(final)
all[ɔːl]	ball[bɔːl]	flaw[flɔː]
often[ɔ́ːfən]	cause[kɔːz]	paw[pɔː]
also[ɔ́ːlsou]	thought[θɔːt]	saw[sɔː]
office[ɔ́ːfis]	laws[lɔːz]	draw[drɔː]
audible[ɔ́ːdəbl]	sauce[sɔːs]	auto[ɔ́ːtou]
boss[bɔːs]	jaw[ʤɔː]	author[ɔ́ːθər]
gnaw[nɔː]		

5) /ɑ/ (back low rounded lax)

/ɑ/는 입을 아주 많이 벌리고 혀는 아주 낮추고, 입술은 둥글게 하지 않고 혀의 뒷부분에서 발음된다. 한국어의 /아/와 매우 비슷하다. 이 소리를 낮은 뒷 모음(low back vowel)이라 하는데 중앙음에 가깝다. 한국어의 /아/는 영어의 /ɑ/보다 입을 상당히 적게 열고 발음한다.

/ɑ, ɑː/를 나타내는 철자는 다음과 같다.

/ɑ, ɑː/	**a**	f**a**ther[fɑ́ːðər]
		c**a**lm[kɑːm]

	palm[pɑ:m]
o	b**o**x[bɑks]
	d**o**ctor[dάktə*r*]
	p**o**t[pɑt]
	ch**o**p[tʃɑp]
	l**o**t[lɑt]

• /ɑ, ɑ:/가 포함된 낱말을 큰소리로 발음해보자.

어두(initial)	어중(medial)
art[ɑ:*r*t]	father[fά:ðə*r*]
arch[ɑ:*r*ʧ]	palm[pɑ:m]
army[ά:*r*mi]	calm[kɑ:m]
arm[ɑ:*r*m]	hot[hɑt]
are[ɑr]	pot[pɑt]
argue[ά:*r*gju:]	shot[ʃɑt]

• /ɑ/와 /ʌ/의 혀의 위치상의 차이를 구별하여 발음해보자.

/ɑ/	/ʌ/	/ɑ/	/ʌ/
bomb [bɑm]	bum [bʌm]	pot [pɑt]	putt [pʌt]
calm [kɑ:m]	come [kʌm]	cot [kɑt]	cut [kʌt]
dock [dɑk]	duck [dʌk]	cop [kɑp]	cup [kʌp]
shot [ʃɑt]	shut [ʃʌt]	pop [pɑp]	pup [pʌp]
psalm [sɑ:m]	sum [sʌm]	hot [hɑt]	sun [sʌn]

4-3. 이중모음 (diphthong)

두 개의 모음이 한 음절 내에서 연이어 발음되는 것으로 하나의 모음으로 간주한다.
(diphthong: di(G. two) + phthongos(G. voice)

두 개의 모음이 연이어 나타날 때 각각의 모음이 음절주음이 되어 두

음절이 되거나, 단 하나의 음절이 되기도 한다. 여기에 결정적인 요소는 강세(stress)이다. 영어에서는 두 개의 인접한 모음 중에 그 중 하나만 강세를 받을 때 이중모음 (diphthong)을 형성하게 된다. 예를 들면 아래 예에서 강세를 받는 [é, ɔ́, á]는 음절주음이 되고 강세를 받지 않는 모음들 /i, u, ə/는 비음절주음(nonsyllabic)이 된다.

pay [péi]
boy [bɔ́i]
tout [táut]
bear [bέə]
tear [tíə]
fair [fέə]
cow [kɑu]

강세를 받는 모음에 뒤따르는 비음절 주음인 모음을 반모음(semi-vowel)이라 한다. 즉, 이중모음은 '두개의 모음이 같은 음절 내에서 연이어 발음되는 것'으로 조음자가 한자리에서 또 다른 위치로 부드럽게 이동하면서 생성된다.

이중모음은 음절주음과 반모음의 결합으로 구성되어 있다. 그러나 한국어의 '아이(/ai/)', '아우(/au/)'는 각각 /a/와 /i/, /a/와 /u/를 같은 강세로 발음하는 까닭에 '아이'와 '아우'는 두 개의 음절로 이루어진 단어이다. 영어에서 모음 앞에 나타나는 접근음을 앞서 우리는 자음으로 간주했다. 즉, 반모음 /i/, /ə/, /u/는 각각 접근음 /j/, /r/, /w/에 해당한다.

yes [jes]
yet [jet]
want [wɔnt]
wage [weiʤ]

한편, 한국어에서는 반모음 혹은 접근음이 모음 앞에서만 나타난다. 그리하여 영어는 하강 이중모음을 채택하고, 한국어는 상승 이중모음을 취하는 언어라고 한다.

야 [ja]

여 [jə]

요 [jo]

유 [ju]

영어 이중모음의 특징을 요약하면 다음과 같다.

	첫소리		둘째소리		
a.	syllabic	+	nonsyllabic	⇒	1음절로 간주한다.
b.	vowel	+	semi-vowel (/i, u, ə/)		
c.	+stress	+	-stress		
d.	+sonority	+	-sonority		

이중모음에 대해서 학자들 사이에 상당한 견해 차이가 존재하며 표기 방식 또한 다양하다. 우리 책과 주요 학자들의 모음 및 이중모음의 표기 방식을 비교하면 아래와 같다.

단어	우리책	Jones	Trager-Smith	Kenyon
beat	iː	iː	iy	i
bit	i	i	i	ɪ
bait	ei	ei	ey	e
bet	e	e	e	ɛ
bat	æ	æ	æ	æ
father	ɑː	ɑː	a	ɑ
bother	ɔ	ɔ	a	ɒ
bought	ɔː	ɔː	ɔh	ɔ
boat	ou	ou	ow	o
book	u	u	u	U
boot	uː	uː	uw	u
but	ʌ	ʌ	ə	ʌ
ago	ə	ə	ə	ə
bite	ai	ai	ay	aɪ

bout	au	au	aw	aʊ
boy	ɔi	ɔi	ɔy	ɔɪ
bird	ə*r*	əː	ər	ɜ/ɝ
better	ə*r*	ə	ər	ə/ɚ

이중모음을 분류할 때 이중모음을 구성하는 제 2요소인 반모음 혹은 접근음이 어디에 위치하느냐에 따라 상승 이중모음(rising diphthong)과 하강 이중모음(falling diphthong)으로 구분한다. 우리는 이미 영어는 하강 이중모음을 채택하고, 한국어는 상승 이중모음을 채택하는 언어라고 규정했다.

a. 하강 이중모음: [ai], [uə], [əu]
b. 상승 이중모음: [ja], [ju], [wɑ]

한편 이중모음의 제 2요소 /i, u, ə/ 중에서 어떤 것을 취하느냐에 따라 다음과 같이 구분한다.

a. 전향 이중모음(fronting diphthong): /ei, ai, ɔi/
b. 중향 이중모음(centering diphthong): /iə, ɛə, uə/
c. 후향 이중모음(retracting diphthong): /ou, au/

1) /ei/

/e/에 강세(stress)를 두고 /i/ 위치로 혀를 살짝 이동하여 /ei/로 발음한다. 한국어의 /에이/와는 아주 다르다. 한국어의 '에이'는 2 음절인데 영어의 /ei/는 1 음절이다. 그러나 이 두 소리를 아주 빨리 발음하면 영어의 /ei/와 비슷하게 된다.

/ei/로 발음되는 철자는 다음과 같다.

/ei/	**a**	**a**ble[éibl], l**a**bor[léibə*r*], r**a**dio[réidiòu], t**a**me[teim], f**a**te[feit]
	ai	m**ai**l[meil], t**ai**l[teil], **ai**m[eim], j**ai**l[ʤeil]
	ay	w**ay**[wei], g**ay**[gei], d**ay**[dei]
	ei	v**ei**n[vein], v**ei**l[veil], **ei**ghteen[èitíːn]

ea	beefst**ea**k[bíːfstèik], gr**ea**t[greit], br**ea**k[breik]
ey	th**ey**[ðei], gr**ey**[grei]
au	g**au**ge[geiʤ]

• /ei/가 포함된 단어를 큰 소리로 발음해보자.

ail, mail, pail, bail, tail, dale, gale, rail, fail, jail, hail, whale

• /ei/가 포함된 낱말을 큰 소리로 발음해보자.

어두(initial)	어중(medial)	어미(final)
able[éibl]	baby[béibi]	day[dei]
ache[eik]	cake[keik]	may[mei]
age[eiʤ]	name[neim]	play[plei]
agent[éiʤənt]	same[seim]	prey[prei]
aim[eim]	sail[seil]	they[ðei]
ace[eis]	rail[reil]	pay[pei]

2) /ai/

/a/를 좀 강하게 발음하고 /i/ 위치로 혀를 움직이면 된다. /a/는 /i/와 연속음으로 발음한다. 한국어의 '아이'는 /아/와 /이/가 별개 모음으로 따로 발음되는 까닭에 영어의 /ai/는 다르다. 그러나 '아이'를 빨리 발음하면 영어의 /ai/와 비슷하게 된다.

/ai/로 발음되는 철자는 다음과 같다.

/ai/	**i**	t**i**ght[tait], f**i**nd[faind], ch**i**ld[ʧaild], k**i**nd[kaind]
	igh	l**igh**t[lait], h**igh**[hai], br**igh**t[brait]
	y	m**y**[mai], fl**y**[flai], dr**y**[drai]
	ie	t**ie**[tai], d**ie**[dai], l**ie**[lai]
	ig	s**ig**n[sain]
	ei	**ei**ther[íːðər]
	eigh	h**eigh**t[hait]

ic	ind**ic**t[indáit]
is	**is**land[áilənd]
ais	**ais**le[ail]
uy	g**uy**[gai], b**uy**[bai]
eye	**eye**[ai]

- /ai/가 포함된 낱말을 큰 소리로 발음해보자.

어두(initial)	어중(medial)	어미(final)
ice[ais]	find[faind]	by[bai]
aisle[ail]	hide[haid]	tie[tai]
icon[áikan]	time[taim]	guy[gai]
eyes[ai]	line[lain]	fly[flai]

3) /ɔi/

혀가 /ɔ/의 위치에서 /i/의 위치로 부드럽게 이동하는 음이다. 이동하는 것이지 완전히 /i/의 위치에 도달하는 것은 아니다. 강세를 /ɔ/에다 두고 /i/는 자연적으로 따라 오도록 한다. 한국어의 '오이'는 2 음절이다.

/ɔi/로 발음되는 철자는 다음과 같다.

/ɔi/	**oi**	n**oi**se[nɔiz], **toil**[tɔil], **soil**[sɔil], **coin**[kɔin]
	oy	**joy**[ʤɔi], **boy**[bɔi], **coy**[kɔi]
	uoy	**buoy**[bɔ́i], **buoy**ant[bɔ́iənt]

- /ɔi/가 포함된 낱말을 큰 소리로 발음해보자.

어중(medial)	어미(final)
boil[bɔil]	boy[bɔi]
noise[nɔiz]	coy[kɔi]
soil [sɔil]	toy[tɔi]
voice[vɔis]	envoy[énvɔi]
point[pɔint]	buoy[bɔ́i]

4) /au/

/a/를 강하게 발음하고 혀는 /u/ 위치로 이동한다. 반모음 /u/는 강세를 받지 않는다. 한국어의 '아우'의 /아/와 /우/는 독립적으로 발음되는 까닭에 두 개의 음절주음을 가진다. 그러나 '아'에 힘을 주고 '우'를 따라 오도록 발음하면 영어의 /au/와 매우 비슷한 발음이 된다.

/au/로 발음되는 철자는 다음과 같다.

/au/	**ow**	c**ow**[kau], pl**ow**[plau], cr**ow**n[kraun]
	ou	**ou**t[aut], cl**ou**d[klaud], c**ou**nt[kaunt]
	ough	b**ough**[bau]

- /au/가 포함된 낱말을 큰 소리로 발음해보자.

어두(initial)	어중(medial)	어미(final)
our[auər]	about[əbáut]	allow[əláu]
out[aut]	round[raund]	cow[kau]
hour[auər]	down[daun]	plow[plau]
owl[aul]	town[taun]	bough[bau]

5) /ou/

혀는 /o/의 위치에서 /u/의 위치로 미끄러져 가는 것이지 완전하게 도달하는 것을 의미하지 않는다. 강세를 /o/에 두고 자연스럽게 /u/가 따라오도록 발음한다.

/ou/를 발음되는 철자는 다음과 같다.

/ou/	**o**	m**o**st[moust], g**o**[gou], s**o**[souː]
	oa	c**oa**t[kout], c**oa**l[koul], b**oa**t[bout]
	ow	**ow**n[oun], sn**ow**[snou]
	ou	s**ou**l[soul], m**ou**ld[mould]
	oe	g**oe**s[gouz], w**oe**[wou], t**oe**[tou]

oo	br**oo**ch[broutʃ]
ol	f**ol**k[fouk], y**ol**k[jouk]
ew	sh**ew**[ʃou], s**ew**[sou]
ough	th**ough**[ðou]
eo	y**eo**man[jóumən]
eau	b**eau**[bou]

• /ou/가 포함된 낱말을 큰 소리로 발음해보자.

어두(initial)	어중(medial)	어미(final)
over[óuvə*r*]	don't[dount]	go[gou]
open[óupən]	those[ðouz]	grow[grou]
only[óunli]	soul[soul]	know[nou]
old[ould]	goes[gouz]	toe[tou]
ocean[óuʃən]	moan[moun]	though[ðou]

6) /iə/

/i/의 위치에서 출발하여 /ə/의 위치로 부드럽게 옮아간다. /iə/의 제 2요소 /ə/는 어말 위치에서 높이가 비교적 낮고 다소 길다.

/iə/로 발음되는 철자는 다음과 같다.

/iə/	**ea**	f**ea**r[fiə*r*], cl**ea**r[kliə*r*]
	ee	ch**ee**r[tʃiə*r*], b**ee**r[biə*r*]
	e	p**e**riod[píːə*r*iəd]
	ere	sph**ere**[sfiə*r*]
	ie	f**ie**rce[fiə*r*s]
	eu	mus**eu**m[mjuːzíːəm]
	ei	w**ei**rd[wiə*r*d]

• /iə/가 포함된 낱말을 큰 소리로 발음해보자.

fear[fiə*r*], clear[kliə*r*], appear[əpiə*r*], cheer[tʃiə*r*], beer[biə*r*] career[kəriər], sphere[sfiər], idea[aidi:ə/ -diə], weird[wiərd]

7) /εə/

/e/와 /æ/사이에 위치한 /ε/에서 출발하여 /ə/의 위치로 부드럽게 옮아간다.
/εə/로 발음되는 철자는 다음과 같다.

/εə/	**a**	sc**a**rce[skεərs], p**a**rent[pέərənt]
	ea	p**ea**r[pεər], sw**ea**r[swεər]
	ei	h**ei**r[εər], th**ei**r[ðər]
	are	squ**are**[skwεər]
	ao	**ao**rist[éiərist]
	ere	th**ere**fore[ðέərfɔ̀:r], wh**ere**[hwεər]

• /εə/가 포함된 낱말을 큰 소리로 발음해보자.

share[ʃεər],	square[skwεər],	parent[pεərənt],
chair[tʃεər],	repair[ripεər],	pear[pεər],
swear[swεər],	heir[εər],	their[ðεər]

8)/uə/

/u/의 위치에서 출발하여 /ə/의 위치로 부드럽게 옮아간다.
/uə/로 발음되는 철자는 다음과 같다.

/uə/	**u**	c**u**rious[kjúəriəs]
	oo	p**oo**r[puər], m**oo**r[muər]
	ure	s**ure**[ʃuər], adj**ure**[əʤúər]
	ou	g**ou**rd[guəd]
	ewe	j**ewe**l[ʤú:əl]

• /uə/가 포함된 낱말을 큰 소리로 발음해보자.

poor[puər], moor[muər], sure[ʃuər],

secure[sikjuə*r*], manure[mənjuə*r*], tour[tuə*r*]

삼중모음(triphthong)은 /ei, ai, ɔi, au, ou/와 같은 이중모음에 /ə/나 /ə*r*/가 더하여 지는 것이다. 삼중모음의 발음을 표기할 때 3개의 모음 기호가 사용되지만 하나의 음절로 간주된다.

power[pauə*r*], mayor[meiə*r*], tower[tauə*r*], fire[faiə*r*], flower[flauə*r*]

Eexercise

연습문제

01. 빈칸을 채우시오.

음소는 바뀌어 쓰였을 때 (　　　　　)의 변화를 초래하는 최소의 음단위이다.

02. 빈칸을 채우시오.

단 하나의 (　　　　　)의 차이로 의미의 대조를 이루는 한 쌍의 단어, 구, 혹은 문장을 최소 대립쌍(minimal pair)이라 한다.

03. 빈칸을 채우시오.

(　　　　　　　)은 두 개의 모음이 한 음절 내에서 연이어 발음되는 것으로 하나의 모음으로 간주한다.

04. 빈칸을 채우시오.

구별부호(Diacriticla Marker)는 음소의 정확한 음가를 표시하기 위해 사용된다. 〔p^h〕에서 위첨자 "h"는 (　　　　　)을 의미하고, 〔$p^=$〕에서 "="는 (　　　　　)을, 그리고 〔p˥〕에서의 위첨자 "˥"은 입을 다물고 열지 않는 (　　　　　)을 의미한다.

05. 다음 중 음소에 대한 설명이 아닌 것을 고르시오.

① 바꾸어 썼을 때 의미의 변화를 초래한다.

② 음소는 발화 될 때의 실체가 아니라 추상적 개념이다.

③ "[　]" 안에 넣어 표기한다.

④ 변이음들의 집단이 되는 대표음이다.

06. 아래 자음의 1)Voicing, 2)Place of Articulation, 3)Manner of Articulation을 쓰시오.

/P/: 1. Voicing:

2. Place of Atriculation:

3. Manner of Articulation:

/t/: 1.

2.

3.

/z/: 1.

2.

3.

/l/: 1.

2.

3.

07. 다음 중 혀의 앞부분이 윗잇몸에 닿거나 다가가서 조음이 되는 음을 고르시오.

① 순치음(labio-dental)

② 치간음(inter-dental)

③ 치경음(alveolar)

④ 후치경음(post-alveolar)

⑤ 연구개음(velar)

08. 다음 중 발음과 철자가 같고 의미가 다른 단어를 말하는 것은?

① (상)동기음(homorganic sound)

② 동음이의어(homonym)

③ 이철자동음이의어(homophone)

④ 자유변이(free variation)

09. 아래 모음의 1)Tongue Height, 2)Tongue Position, 3)Lip Rounding, 4)Tension of Muscles or Advanced Tongue Root (ATR)을 쓰시오.

/iː/ 1. Tongue Height:

2. Tongue Position:

3. Lip Rounding:
4. Tension of Muscles or Advanced Tongue Root (ATR):

/u/ 1.
2.
3.
4.

/ʌ/ 1.
2.
3.
4.

/a/ 1.
2.
3.
4.

10. /p, t, k, ʧ, f, s, θ, ʃ, h/의 공통 자질로서 바르게 설명한 것은?

① 순치음
② 치간음
③ 성문음
④ 무성음

11. 성대를 지난 공기의 흐름이 막히거나 저해되면서 생성되는 소리는?

① 자음
② 모음
③ 이중모음
④ 삼중모음

12. 접근음(approximant)의 의미로 사용되지 않는 용어를 고르시오.

① 이행음
② 경과음
③ 마찰음
④ 반모음

13. 영어의 모음 특성을 알려주는 분류 기준점으로 틀린 것은?

① 혀의 높이

② 혀의 위치

③ 성대의 울림

④ 발성기관의 긴장도

14. 약세 모음인 /ə/는 흔히 유음(측음) /l/이나 비음 /m/, /n/ 앞에서 생략된다. 이 때, [l̩], [m̩], [n̩]을 무엇이라 하는가?

① 성절적 자음(syllabic consonant)

② 비음(nasal)

③ 접근음(approximant)

④ 유음(liquid)

15. 조음위치와 조음방법이 일치하지 않은 짝은?

① /p/ 와 /b/

② /k/ 와 /g/

③ /s/ 와 /n/

④ /t/ 와 /d/

16. 아래 문장들을 크게 읽고 발음 기호를 적으시오.

(출처: https://bogac.tistory.com/121 [Bogac's blog])

Peter Piper picked a peck of pickled peppers.
A peck of pickled peppers Peter Piper picked.
If Peter Piper picked a peck of pickled peppers,
Where's the peck of pickled peppers Peter Piper picked?

She sells sea shells on the sea shore;
The shells that she sells are sea shells I'm sure.
So if she sells sea shells on the sea shore,
I'm sure that the shells are sea shore shells.

Chapter 05

음절(Syllable)

5-1. 음절 (syllable)과 음절주음 (syllabic)

음절은 모음을 중심으로 한 음의 단위이다. 하나 혹은 둘 이상의 분절음(segment)으로 구성되는 음절에서 울림이 가장 큰 분절음이 음절의 중심이 되는 음절주음(syllabic)이 된다. 따라서 모든 모음은 음절주음이다.

요즘에 회의나 토론장에 참석하면 흔히 접하는 단어가 있다. 손석희 앵커가 진행하는 'JTBC 뉴스룸' 간판 코너 '팩트 체크'가 대중의 관심과 호응을 얻으면서 '팩트가 무엇이냐?'는 말이 자연스레 사용되고 있다. '팩트 체크(fact check)'는 외국어가 아니라 외래어가 되었다. 만약에 우리가 미국인에게 '팩트 체크'라고 말하면 그들은 무슨 말 인지 의아해 할 것이다. 왜냐면 우리가 말하는 '팩트 체크'는 2음절+2음절로 된 4음절로 된 말이고, 영어의 'fact check'는 1음절+1음절로 된 2음절어 이기 때문이다. 소리들은 음색뿐 아니라, 그 울림에서도 서로 다르다. 같은 힘으로 발음할 때 모음은 자음보다 울림이 크고 더 세게 들린다. 예를 들어 모음 /a/와 자음 /s/를 같은 세기와 길이로 발음해보면 /a/가 /s/보다 훨씬 크게 들리고 멀리 들림을 알 수 있다. 그 까닭은 모음은 입안에서 공기의 흐름을 저해하지 않고 발음하여 자음 보다 더 많은 공기가 실리기 때문이다. 소리의 울림도(sonority)는 공명기관의 크기에 비례한다. 즉, 산이 높고 골짜기가 깊으면 산울림이 크고, 나팔이 크면 소리가 웅장하게 들리는 이유도 같은 맥락이다. 이것은 공기의 함량 때문이다. 소리의 울림은 소리의 강도(stress)와 고저(pitch)의 영향을 받으나 기본적으로 공명관(입안, 목안, 코안)의 크기에 달려 있다.

모음은 다른 모든 자음보다 그 울림이 더 크다. 모음과 자음의 울림도 차이를 알아보기 위해 스펙트로그래프(spectrograph)를 이용하여 'mountain'라는 단어를 그림으로 표시하면 대략 다음과 같다.

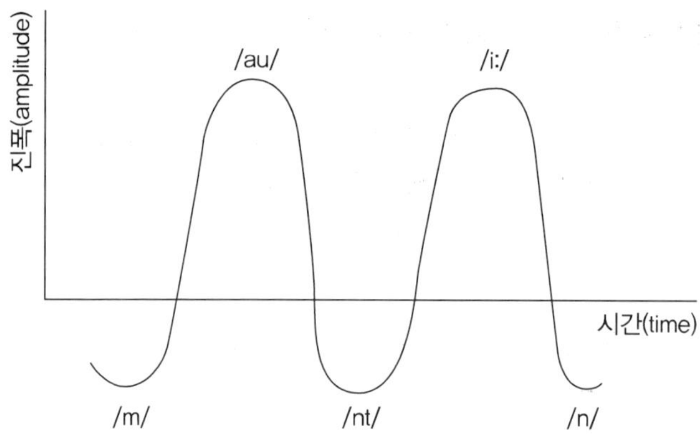

말소리는 높고(모음) 낮은(자음) 울림으로 형성되어 있다. 그림에서 보듯이 소리는 공기를 통과할 때 마치 넘실대는 파도처럼 정점(peak)과 골(valley)의 순환(cycle)을 이루면서 전달된다. 'mountain(/maunti:n/)'에서 모음 /au/와 /i:/는 울림도의 정점으로 자음 /m/이나 /t/, /n/보다 소리의 전달력이 훨씬 크다. 이와 같이 큰 울림을 가진 소리가 음절주음(syllabic)이 된다. 모음은 단독으로 또는 몇 개의 자음과 같이 발음되든 간에 항상 음절주음이 된다. 음절주음의 수가 바로 음절의 수가 된다. 예를 들면 *church, mom*은 각 한 개의 모음을 가지고 있어 한 음절로 된 단어이고 *tennis, baseball*은 각각 두 개의 모음이 있어 두 음절로 된 단어이다. 한국어의 '가', '는', '삶'은 각각 한 음절로 된 단어이다.

다시 말해 음절주음 혹은 음절핵(syllable nucleus)은 울림도의 정점으로 음절의 중심이 되는 음이다. 따라서 모든 모음은 음절의 중심이 되며, 경우에 따라서는 자음이 음절주음의 역할을 수행하기도 한다. 음절주음의 역할을 하는 자음을 성절적 자음(syllabic consonant)이라 한다.

성절적 자음은 자음 뒤에서만 나타난다. 성절적 자음이 될 수 있는 자음은 모음에 가까운 울림도를 가진 자음들(/l, m, n, ŋ/)로 그들의 자음 음성기호 밑에 구별부호(diacritical mark) [.]를 붙여서 [l̩, m̩, n̩, ŋ̩]으로 표기한다. /l, m, n, ŋ/이 성절적 자음이 되는 경우는 다음과 같다.

a. 선행모음 /ə/가 탈락하여 어말에서 자음군을 이루게 되면 뒤따르는 /l, m, n, ŋ/이 성절적 자음이 된다.

chapel [ʧæpəl] → [ʧæpl̩]

mutton [mʌtən] → [mʌtn̩]

b. 어말 자음군에서 마지막 자음이 /l, m, n, ŋ/일 때 흔히 이들은 성절적 자음이 된다.

prism [prizm̩]

chasm [kæzm̩]

5-2. 음절구조 (syllable structure)

음절의 내부 구조를 음절구조라 한다.

음절은 모음을 중심으로 자음이 결합된 단위이다. 음절의 내부구조를 두음(onset), 핵(nucleus), 말음(coda)이라는 세 개의 층위로 표시한다. 핵은 음절주음이 되는 모음이나 성절적 자음이 된다. 핵 앞에 오는 소리들을 두음이라고 한다. 영어에서 /ŋ/을 제외한 모든 음들이 두음이 될 수 있다. 핵 뒤에 오는 소리들을 말음이라고 한다. 두음과는 달리 모든 분절음이 말음에 올 수 있다. 핵과 말음이 합하여 운모(rhyme)를 이룬다. 예를 들면 단어 'top'의 경우에 모음 'o'가 핵이 되고, 'o'앞의 자음 't'가 두음이 되며, 'o' 뒤의 자음 'p'가 말음이 된다. 음절의 계층 구조를 도식화하면 다음과 같다. 아래 수형도에서 그리스어 'σ(sigma)'는 음절을 나타내고 'R(rhyme)'은 운모를, 'N(nucleus)'은 음절핵, 그리고 'C (coda)'는 말음을 나타낸다.

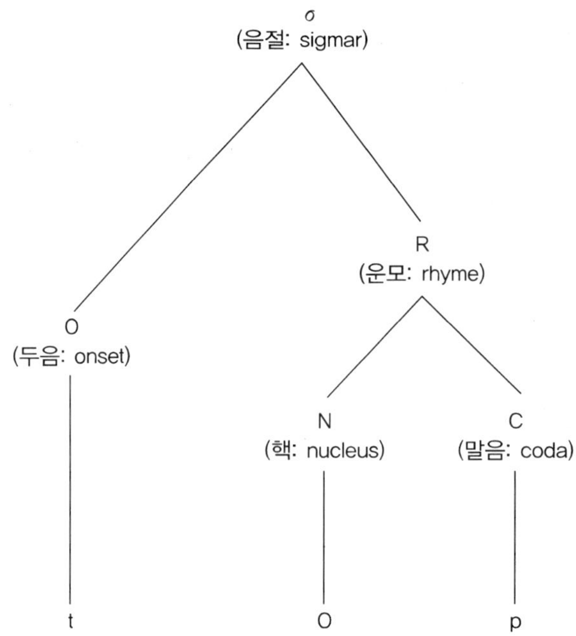

영어 음절에서 두음과 말음은 있을 수도 있고 없을 수도 있는 선택적인(optional) 요소이다. 예를 들어 *aim*은 두음이 없는 음절이고, *see*는 말음이 없는 음절구조의 예이다. 음절구조의 유형은 두 가지로 나뉜다.

a. 개음절(開音節; open syllable): 모음으로 끝나는 열린 음절구조 (CV 구조) bee[bi:]

b. 폐음절(閉音節; closed syllable): 자음으로 끝나는 닫힌 음절구조 (V C 구조) bet[bet]

5-3. 분절(syllable division)

분절은 모음과 모음사이에 있는 자음을 선행모음에 붙여서 발음할 것인지 혹은 후행 모음에 붙여서 발음할 것인지를 결정한다.

분절은 음절주음과 음절주음 사이의 최소의 돌출 지점(prominence)에서 이루어진다. 모음과 자음의 결합관계를 접합(contact)이라 하는데 모음

사이의 자음이 선행모음과 접합을 이루느냐, 후행모음과 접합을 이루고 있느냐에 따라 긴밀 접합(close contact)과 이완 접합(loose contact)으로 분류한다.

a. 긴밀 접합(close contact): 자음이 선행모음과 연결되는 경우이다. 선행모음이 강세를 받을 때 긴밀 접합을 이룬다.
   palace [pǽl-is], famine[fǽm-in]

b. 이완 접합(loose contact): 자음이 후행모음과 연결되는 경우이다. 즉, 이완접합은 선행모음이 이중모음 이거나, 후행모음에 강세가 있을 때 나타난다.
   police [pə-lís],
   famous[fei-məs]

5-4. 음소 배열론 (Phonotactics)

음소의 결합과 분포를 다룬다.

외국어를 배우는 과정에서 해당 언어의 음절구조 특성과 음소 배열에 대한 제약(sequential constraint)을 살피는 것은 매우 중요하다. 이러한 지식이 목표어(target language)를 정확하게 발음할 수 있도록 도와주기 때문이다. 성인 학습은 특히 논리적 이해가 선행되어야만 효과적인 학습이 이루어 질 수 있다. 소년기를 지나면서 언어 모방 능력은 현저히 저하되어 목표어를 정확하게 듣고 제대로 따라하는 것이 불가능 하다. 자신의 모국어에 없는 음을 듣게 되면, 모국어에 존재하는 유사한 소리로 대치해서 듣게 된다. 따라서 성인의 외국어 발음 학습은 본능이 아니라 이성적 학습에 바탕을 두어야 한다.

영어 'Macdonald'를 미국인, 한국인, 일본인은 각각 다음과 같이 발음할 것이다. 편의상 일본어는 한국어로 표기한다.

a. /mækdɔnəld/
b. /맥도날드/
c. /마쿠도나루도/

영어의 음절구조는 a)의 /k d/나 /l d/의 연쇄처럼 자음이 어중에서 겹쳐 일어날 수 있고 심지어는 어두에서 자음이 3개까지 연이어 나타날 수 있다. 그러나 한국어는 '자음 + 모음 + 자음(C + V + C)'의 구조를 벗어날 수 없다. 따라서 b)처럼 어말 자음 다음에 모음 '-'를 첨가하여 자음이 하나의 음절 내에서 연이어 쓰이거나 홀로 쓰이는 경우를 차단한다.

한편 일본어는 받침이 없는 언어이다(C + V 구조). 따라서 일본어는 하나의 글자가 하나의 음절을 표시하는 전형적인 음절문자이다. 때문에 원칙적으로 받침이 없다. 다만 발음(發音)과 촉음(促音)이 종성역할을 하는 경우는 있다. 여하튼 받침이 없는 일본어 음운체계로 외국어를 발음하다 보니 /마쿠도나루도/와 같은 발음이 생겨났다. 한국어와 일본어 화자들이 연속된 자음과 자음 사이에, 그리고 어말 자음 다음에 모국어 발음 습관대로 모음을 삽입하여 발음하게 된 것이다. 참고로, 아래와 같은 음소들의 결합을 보자.

a. /ㅂ사람, bsaram/
b. /bnik/

a)와 같은 음소의 배열은 한국어에 존재하지 않고, b)와 같은 음소의 배열은 영어에 존재하지 않는다는 것을 한국어와 영어를 모국어로 하는 화자 모두는 직관적으로 알고 있다. 우리가 알고 있는 영어 단어 가운데 첫 소리가 /ŋ/으로 시작하는 단어가 있는가? 또 첫 소리가 /mb-/, /nd-/, /nŋ-/로 시작되거나, 철자가 아니라 소리가 /pn-/이나 /kn-/으로 시작되는 영어 단어나 음절이 있는가? 혹은 단어의 시작 부분에 자음군이 4개가 오는 영어 단어를 알고 있는가? 영어 사전을 다 찾아보아도 위에서 언급한 소리 결합을 가진 영어 단어들은 없을 것이다. 모국어 화자들은 이러한 내용을 직관적으로 알고 있다.

각 언어는 그 언어 특유의 음절구조를 가지고 있으며 음절이나 단어를 형성하는 소리 결합에 대한 제약이 있다. 우리는 이러한 소리 결합에 대해 명시적인 지식을 가지고 있지는 않지만, 어떤 소리를 들으면 직관적으로 그것이 모국어 단어인지 아닌지를 판단할 수 있다. 이러한 사실은 음소가 결합하여 음절이나 단어를 형성할 때 어떤 규칙의 제약을 받는다는 것을 의미한다. 이처럼 모국어 화자들이 음소 결합에 대해 가지고 있는 직관적인 지식을 음소 배열 제약(phonotactic constraint) 또는 연속 제약(sequential constraint)이라 한다. 음소 배열 제약은 일련의 음소 결합을 다음 세 가지로 구분할 수 있으며, 이러한 구분 역시 모국어 화자가 가지고 있는 지식 중의 하나이다.

a. 가능하고 실제 있는 말 예 brick[brik]
b. 가능하나 없는 말(accidental gap) 예 ? blick[blik]
c. 불가능한 말(systematic gap) 예 * bnick[bnik]

정리하면 연속 제약이란 음소들이 어떻게 연속적으로 결합될 수 있는가에 대한 제약이며 언어마다 다르다.
(Sequential Constraints are language specific and restriction on how segments can be combined sequentially.)

영어 단어의 어두에는 자음이 최대로 3개까지 올 수 있는데 그에 대한 제약을 아래와 같이 나타낼 수 있다.

If:	##	C	C	C
		↓	↓	↓
then:		s	p, t, k	l, r, j, w

위의 내용을 풀어서 설명해보자. 만약에 어두에서 자음이 3개가 연속되면 첫 자음은 /s/, 둘째 자음은 /p, t, k/중에 하나이며, 셋째 자음은 /l, r, j, w/중 하나가 되어야 한다는 것이다.

예를 들어, 'strike'라는 단어의 어두자음은 앞에 세 개가 연달아 나오면서 동시에 하나의 음절을 이루고 있다. 어두에 3개의 자음이 연이어 나오는 'strike'가 위에서 명시한 연속 제약 규칙에 합당한 지를 살펴보자. 단어 'strike'의 음소 배열은 어두 첫 음이 /s/로 시작하고 두 번째가 /p t, k/ 중에 하나인 /t/이며 세 번째 자음이 /l, r, j, w/ 중에 하나인 /r/로 이루어져 있다. 따라서 'strike'의 음소 배열은 영어의 음소 배열 제약에 위배되지 않으며 실제로 존재하는 단어이기도 하다.

'strike'를 한국어로 표기하면 다섯 음절인 '스트라이크'가 된다. 어두 /str/의 각 자음 사이에 모음 '－'가 삽입되어 두개의 음절 '스트'가 생기고 /strike/의 이중모음 /ai/는 한국어에서 두 개의 모음 'ㅏ'와 'ㅣ' 로 되어 /라이/가 된다. 그리고 어말에서는 /k/ 다음에 모음 'ㅡ' 가 첨가되어 /크/가 된다. 그러나 영어에서 /s/와 /t/ 그리고 /r/이 그대로 자음들끼리만 이어져 발음이 되다가 모음 /ɑi/를 만나서 비로소 한 음절을 이루고 어말 /k/ 다음에는 어떠한 모음도 첨가되지 않는다.

그런데 한국어에서 자음과 자음이 겹쳐서 나올 수 있는 경우가 전혀 없는 것은 아니다. 바로 앞 글자가 자음으로 끝나고 뒷 글자가 자음으로 시작될 때 이다. '산천'라는 단어를 보면 앞 글자 '산'은 자음 'ㄴ'으로 끝나고 뒤 글자 '천'은 'ㅊ'으로 시작한다. 따라서 이어서 발음하면 'ㄴ'과 'ㅊ'의 두 자음이 연이어 발음된다. 그리하여 한국어의 자음은 연이어 두 개까지는 발음될 수 있는 것으로 보인다. 그러나 좀 더 자세히 관찰하면 한국어의 음절구조는 하나의 모음에 단 하나의 두음(onset)과 말음(coda)만이 결합 가능하다는 것을 알 수 있다. 즉 '산천'은 2 음절어이고 /ㄴ/, /ㅊ/의 연쇄는 서로 다른 음절주음 /ㅏ/와 /ㅓ/에 속해있는 것이다. 결국 한국어는 '자음 + 모음 + 자음(C + V + C)'의 구조를 벗어나지 않는다.

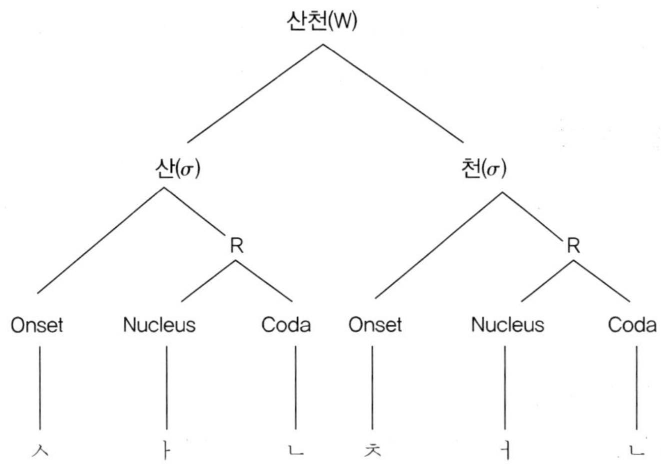
산천(W)
산(σ)
천(σ)
R
R
Onset
Nucleus
Coda
Onset
Nucleus
Coda
ㅅ
ㅏ
ㄴ
ㅊ
ㅓ
ㄴ

Eexercise

연습문제

01. 빈칸을 채우시오.

음절은 (　　　　　　)을 중심으로 한 음의 단위이다.

02. 빈칸을 채우고 그 예를 쓰시오.

긴밀접합(close contact)은 (　　　　　　　)이 선행모음과 연결되는 경우이다. 선행모음이 강세를 받을 때 긴밀 접합을 이룬다.

예

03. 빈칸을 채우고 그 예를 쓰시오.

이완접합(loose contact)은 자음이 후행모음과 연결되는 경우이다. 즉, 이완접합은 선행모음이 (　　　　　　　)이거나 후행모음에 (　　　　　)가 있을 때 나타난다.

예

04. 다음 중 설명이 틀린 것을 고르시오.

① 모든 모음은 음절주음이다.

② 자음은 음절주음이 될 수 없다.

③ 음절주음의 역할을 하는 자음을 성절적 자음(syllable consonant)이라 한다.

④ 음절주음 혹은 음절핵(syllable nuleus)은 울림도의 정점으로 음절의 중심이 되는 음을 말한다.

05. 다음 식을 만족시키는 단어 2개를 쓰시오.

If	##	C	C	C
		↓	↓	↓
Then		s	p	l
			t	r
			k	j
				w

예

06. 다음 설명 중 틀린 것을 고르시오.

① 영어는 어두에 자음이 최대 3개까지 올 수 있다.

② 한국어는 어두에 자음 1개를 허용한다.

③ 연속제약이란 음소들이 어떻게 연속적으로 결합될 수 있는가에 대한 제약이며 언어마다 다르다.

④ 한국어는 어말에 두 개의 자음을 허용한다.

07. 말소리의 울림도(sonority)에 대한 설명 중 틀린 것은?

① 소리의 울림은 소리의 강도(stress)와 고저(pitch)영향을 받는다.

② 소리의 울림은 기본적으로 공명관의 크기에 달려있다.

③ 소리의 울림도는 공명기관의 크기에 반비례한다.

④ 소리의 울림은 자음보다 모음이 더 크다.

08. 성절적 자음(syllabic consonant)에 대한 설명으로 틀린 것은?

① 음절주음의 역할을 하는 자음을 말한다.

② 성절적 자음은 자음 앞에서만 나타난다.

③ 선행모음/ə/가 탈락하여 자음군을 이루게 되면 뒤따르는 /l, m, n ,ŋ/이 성절적 자음이 된다.

④ 어말 자음군에서 마지막 자음이 /l, m, n ,ŋ/일 때 흔히 이들은 성절적 자음이 된다.

09. bee[bi:]와 bet[bet]의 음절구조에 대한 설명으로 옳은 것은?

① bee[bi:]는 개음절(open syllable)이고, bet[bet]는 폐음절(closed syllable)이다.

② bee[bi:]는 닫힌음절 구조이고, bet[bet]은 열린음절 구조이다.

③ bee[bi:]는 V C 구조이고, bet[bet]은 C V 구조이다.

④ bee[bi:]는 폐음절(closed syllable)이고, bet[bet]는 개음절(open syllable)이다.

10. 음소배열제약(phonotactic constraint)에 대한 올바른 설명은?

① 가능하고 실제 있는 말이다.

② 불가능 한 말(systematic gap)에 대한 반론이다.

③ 음소들이 어떻게 연속적으로 결합될 수 있는 가에 대한 제약이며 모든 언어가 동일하다.

④ 모국어 화자들이 음소 결합에 대해 가지고 있는 직관적인 지식에 대한 연구다.

11. 다음 설명 중 틀린 것을 고르세요.

① 영어에서 /ŋ/을 제외한 모든 음들이 두음이 될 수 있다.

② 음절 주음은 음절핵(syllable nucleus)이라고 할 수 있다.

③ 모음과 자음의 울림도 차이를 알아보기 위해 스펙트로그래프를 이용하면 말소리는 높고(자음) 낮은(모음) 울림으로 형성되어 나타난다.

④ 나팔이 크면 소리가 웅장하게 들리는 이유는 공기의 함량 때문이다.

Chapter 06

초분절 음소
(Suprasegmental Phoneme)

초분절음소(suprasegmental phoneme)는 분절음(segmental phoneme)에 얹혀 나면서 의미의 변화를 초래하는 요소이다.

분절음은 소리의 흐름을 편의상 토막으로 나눈 것이다. 영어는 자음 24개와 모음 12개를 더하여 총 36개의 분절음을, 한국어는 자음 19개와 모음 21개를 더하여 총 40개의 분절음을 인정한다. 우리가 말하는 "Good morning[gud mɔ́:rniŋ]!"은 2개의 단어와 9개의 분절음으로 이루어져있다. 자음이 6개(/g, d, m, r, n, ŋ/)이고 모음이 3개(/u, ɔ:, i/)이다.

초분절 음소(suprasegmental phoneme)는 분절음과 함께 발화의 구성소를 이루며 의미의 변화를 초래하는 또 다른 유형의 음소이다. 노래에 비유하면 가사는 자음 모음에 해당하고, 음의 높낮이와 길이에 해당하는 것이 초분절 음소이다. 노래가 되려면 주어진 가사에 음의 높낮이와 길이가 더해지듯이, 문장에 사용되는 분절음도 이러한 초분절음소와 결합하여 발화된다.

초분절 음소의 인정 범위는 언어마다 다를 수 있다. 영어와 한국어는 모음의 장단(long and short)이 뜻의 차이를 가져오는 초분절 음소이다. 실례를 보자.

a. I <u>fill</u> the bottle with wine, and <u>feel</u> the smell of the wine.
   ([fil] vs [fi:l])
b. 토요일 <u>밤</u>에는 <u>밤</u>이 맛있다.
   ([bam](night) vs [ba:m](chestnut))

a)에서 영어 'fill[fil]'과 'feel[fi:l]'은 모음의 장단으로 인해 의미가 구별되고 있음을 보여주고, b)에서는 한국어 모음의 길고 짧음이 동일한 단어의 의미를 달리하게 함을 보여주고 있다. '밤'의 모음 /ㅏ/를 짧게 발음하면 '깜깜한 밤 (night)'의 의미가 되고, 모음 /ㅏ/를 길게 발음하면 '먹는 밤(chestnut)'을 의미한다.

영어와 한국어 모두에서 띄어 읽기 즉, 내개연접(內開連接, internal open juncture) 또한 의미의 차이를 가져온다. 영어의 경우를 살펴보자.

a. I need a name for this reservation.

b. I need an aim for this reservation.

음소 /ə n ei m/의 결합에서 /ə/와 /n/ 사이에 휴지(pause, +)를 두어 [ə+neim]으로 발음하면 a)처럼 'a name'의 의미가 되고, /n/과 /ei/ 사이에 휴지를 두어 [ən+eim]으로 발음하면 b)처럼 'an aim'의 의미가 된다. 한국어의 경우를 살펴보자.

a. 아버지가 방에 들어가신다.

b. 아버지 가방에 들어가신다.

음소 /아 버 지 가 방 에/의 결합을 /지가/와 /방에/ 사이에 휴지를 두어 /지가 + 방에/로 발음하면 a)와 같은 의미가 되고, /아버지/와 /가방에/ 사이에 휴지를 두어 /아버지 + 가방에/로 발음하면 b)의 의미가 된다.

영어에서는 강세(stress), 고저(pitch), 억양(intonation)이 초분절 음소가 되며, 하나의 문장이 발화될 때 서로 밀접하게 관련되어 서로 상호작용을 한다. 좀 더 구체적으로 이들을 살펴보자.

6-1. 강세 (stress)

음파의 진폭(amplitude)에 따른 구분으로 발음할 때에 주는 힘의 정도를 말한다.

강세란 어떤 음절을 주위의 음절보다 더 강하게 발음할 때 그 음절에 가해진 날숨의 세기로 흔히 악센트(accent)라고도 한다. 강세 음절을 발음할 때에는 통상 소리가 커지는 경향이 있지만, 소리의 크기(loudness)는 강도(intensity)가 주는 감각이며, 강세를 꼭 음의 강도와 결부하여 생각해서는 안 된다. 실험 결과에 의하면 오히려 음의 높이(pitch)와 지속 시간(duration)이 강세와 잘 대응하는 것으로 판명되었다.

단어의 강세는 단어강세(word stress)와 문강세(sentence stress)로 구분할 수 있다. 단어강세는 한 단어 내에서 특정 음절의 모음에 주어지는 것이고, 문강세는 문장 내에서 의미상으로 중요한 낱말에 강세가 주어진다.

한국어는 음절 박자로 된 말(syllable timed rhythm)이고, 영어는 강세 박자로 된 말(stress timed rhythm)이라 한다. 즉, 한국어는 음절 하나하나를 꼬박꼬박 발음하는 데 반하여 영어는 음절보다 강세에 발음의 중점을 두고 있다. 강세는 언제나 음절 단위로 주어지는데 영어의 비강세 음절은 약화되어 잘 들리지 않게 된다. 이러한 특성이 한국인들이 영어를 듣는데 있어 어려움을 겪게 한다. 영어에서 단어 강세에 대한 일반적인 규칙은 다음과 같다.

a. 2음절어는 대부분 첫 음절에 강세가 주어진다.
   néver, léader, kíndness, dancing, party

b. '-self'로 끝나는 단어는 *self*가 항상 강세를 받는다.
   mysélf, yoursélf, himsélf, hersélf, themsélf

c. '-teen'로 끝나는 단어는 *teen*이 강세를 받는다.
   thirtéen, fourtéen, fiftéen, sixtéem, seventéen

d. '-tion', '-sion', '-ic', '-ical', '-ity'로 끝나는 낱말은 이들 직전 음절에 강한 강세가 주어진다.
   contribútion, confúsion, económic, biológical, publícity

영어에서 문강세를 가지는 것은 내용어(內容語, content word)다. 내용어는 문장 안에서 의미상 분명한 내용을 지니는 말로 사전적 의미가 뚜렷하다. 명사, 동사(be, have 동사는 제외), 형용사(my, your, his 등 소유형 용사 제외), 수사, 부사(정도 부사는 제외) 지시사, 의문사, 감탄사가 해당 된다.

문강세가 주어지지 않는 단어를 기능어(機能語, function word)라 한다. 의미상 어떤 내용이 있는 것이 아니라 문장 내에서 낱말과 낱말 사이를 연결하여 문장을 구성하는 기능을 가지고 있는 것이다. 즉, 사전적 의미보다는 문법상의 기능적 역할을 더 많이 담당하는 낱말들로 관사, 인칭대명사, 관계대명사, 조동사, 전치사, 접속사가 해당된다. 아래 문장에서 밑줄 친 단어들이 문강세를 받는 단어들이다.

What do you *think* of the *weather*?

6–2. 피치 (pitch, 音度, 음의 높낮이)

> 음파(sound wave)의 일정 주기 사이의 주파수(frequency)에 따른 개념으로 음의 높낮이를 말한다.

음의 높낮이(pitch)는 일정 기간의 주파수에 비례해서 생긴다. 그 단위는 음파가 1초당 몇 번 진동하는지를 측정하는 cps(cycles per second, 주파수) 혹은 Hz(hertz)로 표시한다. 진동수가 많은 것은 높게 느껴지고 진동수가 적은 것은 낮게 느껴진다. 음성학에서는 음의 높이를 상대적으로 보는 것을 중시하는데 음의 높낮이는 종결(terminals)과 밀접한 관련이 있다. 음의 높낮이는 보통 높은 소리에서 낮은 소리까지를 4(extra-high), 3(high), 2(mid), 1(low)로 표시한다. 4는 가장 높은 음도, 3은 높은 음도, 2는 보통 음도로 문장의 시작, 1은 낮은 음도로 평서문의 끝에 쓰인다.

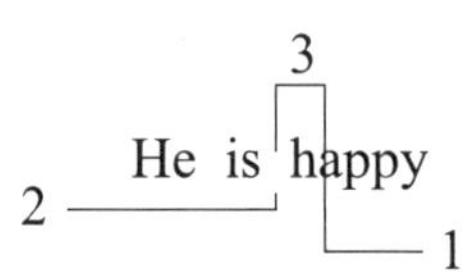

참고로, 성조 언어(tone language)는 한 단어나 음절이 음의 높낮이의 변화로 단어의 의미에 변화를 초래하는 언어를 말한다. 평성, 상성, 거성이 존재했던 중세국어, 중국어(4성), 베트남어(6성)가 해당된다.

6–3. 연접 (連接, juncture)

> 어떤 음에서 다음 음으로 옮아가는 방법, 혹은 하나의 발화에서 다음 발화로 이동하는 방법을 말한다.

연접에는 내개연접(internal open juncture)과 말미연접(terminal juncture)이 있다. 내개연접은 발화에서 낱말 사이의 경계 혹은 휴지(pause)를 말하고, 말미연접은 구나 문장의 끝이 어떻게 발화되는지와 관계된다.

a. **내개연접**(internal open juncture): 낱말과 낱말 사이에서 낱말들을 구별하는 역할을 한다. 끊어 읽기 즉, 휴지와 관계되며 / + /로 표시한다. [ə+neim](a name)과 [ən+eim](an aim)처럼 어디에서 끊어 읽느냐에 따라 의미가 달라진다.

b. **하강 말미연접**(falling terminal juncture): 문장 마지막 단어의 음절이 지연되면서 동시에 서서히 약해지고, 높이도 내려가 침묵으로 끝나는 연접으로, / ↓ / 또는 / # /으로 표기한다. 평서문, 의문사, 의문문(Wh-Question), 명령문, 감탄문 말미에 나타난다.

John went home.↓ (John이 집에 갔다)

c. **상승 말미연접**(rising terminal juncture): 문장의 끝에서 소리가 올라가는 경우로 의문사 없는 의문문 (Yes-No Question)에 나타난다. / ↑ /또는/ ll /로 표기한다.

John went home.↑ (John이 집에 갔니?)

d. **지속 말미연접**(sustained terminal juncture): 문장 도중에서 짧은 휴지를 가질 경우에 휴지 앞의 음도를 그대로 유지하며 다음 음도로 옮겨가는 경우이다. 흔히 의미 단락에서 나타난다. / → / 또는 / l /로 표기한다. 다음 문장들의 차이는 지속 말미연접의 변화에 따른 차이이다.

He will act → roughly in the same manner.↓
(대략 거의 같은 모양으로 행동할 것이다)
He will act roughly → in the same manner.↓
(거의 같은 모양으로 난폭하게 행동할 것이다)

인토네이션 (음조, intonation)은 피치와 말미연접의 결합이다. 영어는 단순히 강하고 약하게 읽는 것이 아니라 문장의 의미나 종류에 따라 적절히 소리의 강세와 높낮이를 변화시킨다. 인토네이션을 결정하는 데 있어서 가장 결정적인 역할을 하는 것이 맨 뒤에 오는 문강세 이다. 맨 뒤의 강세는 대부분 내용어에 해당하고, 이 내용어 다음에 어떻게 인토네이션이 변하느냐에 따라 문장의 의미가 달라지기 때문이다. 예를 들어 'John likes Mary'라는 문장을 읽을 때 *Mary* 이후를 올려 읽느냐 내려 읽느냐에 따라 의문문의 의미를 지닐 수 있고, 평서문의 의미를 지닐 수 있다. 영어에서 자주 쓰이는 4가지 유형의 인토네이션을 정리해보자.

1) 2 3 1 ↓ 유형(rising-falling intonation)

a. 평서문 (서술문)

2 3 1
We drove to the lake. ↓ (/#/)

b. 명령문

2 3 1
Go to your room. ↓

c. 의문사로 시작하는 의문문

2 3 1
Who is your friend? ↓

2) 2 3 3 ↑ 유형(rising intonation)

a. 평서문 형태의 Yes-No 의문문

2 3 3
He's góne. ↑ (/ll/)

b. 의문문 형태의 Yes-No 의문문

2 3 3
Are you thére? ↑ (/ll/)

c. 독립구, 절

2 3 3
In shórt ↑

2 3 3
If you'll waít ↑

3) 2 3 3 ↑ 2 3 1 ↓ **선택 유형**

2 3 3 2 3 1
Do you want téa ↑ or cóffee. ↓

(This means, "which of the two do you want, tea or coffee?")

4) 2 3 3 ↑ 2 3 3 ↑ Yes-No 의문문 유형

2 3 3 2 3 3
Do you want tea ↑ or coffee. ↑

(The meaning is "Do you want tea or coffee in preference to something else?")

Eexercise

연습문제

01. 빈칸을 채우시오.

① 초분절 음소(suprasegmental phoneme)는 분절음(segmental phoneme)에 얹혀나면서 (   )의 변화를 초래하는 요소이다.

② 강세(stress)는 음파의 (   )에 따른 구분으로 발음할 때에 주는 힘의 정도를 말한다.

③ 피치(pitch)는 음파의 일정 주기 사이의 (   )에 따른 개념으로 음의 고저를 말한다.

④ (   )은 한 개의 음에서 다음 음으로 옮아가는 방법, 혹은 하나의 발화에서 다음 발화로 이동하는 방법을 말한다.

02. 초분절 음소에 대한 설명으로 틀린 것은?

① 초분절 음소의 인정 범위는 언어마다 다르다.
② 영어에서 강세는 초분절 음소에 해당한다.
③ 의미의 변화를 초래하지 않는다.
④ 영어에서 내개연접은 초분절 음소에 해당한다.

03. 다음 중 강세를 잘못 표기한 단어를 고르시오.

① néver
② mysélf
③ fourtéen
④ ecónomic

04. 다음 중 낱말과 낱말 사이에서 낱말들을 구별하는 역할을 하며 끊어 읽기 즉, 휴지와 관계되며 /+/로 표시되는 것은?

① 내개 연접(internal open juncture)

② 하강 말미 연접(falling terminal juncture)

③ 상승 말미 연접(rising terminal juncture)

④ 지속 말미 연접(sustained terminal juncture)

05. 인토네이션(intonation)에 대한 올바른 설명은?

① 피치와 말미연접의 결합이다.

② 음의 강도에 의해 형성되는 소리의 흐름의 유형을 말한다.

③ 가장 결정적인 역할을 하는 것은 맨 앞에 오는 문강세 이다.

④ "John likes Mary."에서 Mary를 올려 읽으면 평서문이 된다.

Chapter 07

음변화(Sound Change) 현상

어떤 음이 자신의 특성을 잃거나 달리 발음되는 경우를 음변화(sound change) 현상이라고 한다.

오늘날 인간 사회의 눈부신 문명의 발달은 편리함을 추구하는 인간의 본성에 그 바탕을 둔다. 인간의 본성은 적은 노력으로 많은 것을 손쉽게 얻으려 한다. 이러한 이치가 인간의 언어 생활에도 나타난다. 원하는 바를 전달하는 데 있어 의미에 변화를 초래하거나 혼선을 일으키지 않는 범주 내에서 발음하기 편리한 방향으로 말소리에 변화가 일어나는 것이다. 음변화 현상을 다음 2가지로 나누어 볼 수 있다.

a. **고립변화**(isolative change): 특별한 원인이 없고 규칙성이 없으며 예측이 불가능한 무조건 변화(unconditioned change)
b. **연음변화**(combinative change): 특정한 음환경 또는 조건하에서 일어나는 조건 변화(conditioned change)

우리가 앞으로 다루게 될 음변화(sound change) 현상은 자연 언어가 특정한 환경이나 조건하에서 일어나는 일종의 조건 변화이다. 음변화 현상의 대원칙은 변화된 발음이 원래의 의미를 바꾸지 않는다는 전제하에 발생하며 인간이 편리성을 추구하는 과정에서 이루어진다. 음성학의 주된 관심은 인간의 말소리를 별개의 독립된 단위(segment)로 분할하여 자음과 모음으로 구분하고 그들의 특성을 살피는 것이다. 인간의 언어는 별개의 음이 서로 연결되어 음절을 형성하고 단어가 되며 문장을 이루게 되는데, 개별음이 어떻게 연결되고, 연결되는 과정에서 어떻게 음이 변화하는 지에 대한 연구는 음운론(phonology)의 영역이다. 음운론의 영역임에도 불구하고 우리 책에서 음변화 현상을 다루는 이유는 영어를 제대로 듣고 올바로 발음하기 위해, 반드시 이해하고 익혀야 할 분야이기 때문이다.

본인의 학교 동료가 해외 연수로 미국에 갔을 때의 일화이다. 자동차의 '배터리(battery)'에 문제가 생겨 자동차 정비원과 이야기를 하는데 도대체 /밧데리/를 못 알아듣더라는 것이다. 마침내 자동차 보닛을 열고 손으로 가리키면서 말을 하니, 그때서야 정비원은 '오! /배러리/하면서 알아듣

더란다. 동료 교수는 유성음과 유성음 사이에 있는 /t/에 유성음화(vocalization) 현상과 /t/가 탄음화(flapped)현상이 일어나 /r/처럼 발음해야 한다는 것을 알지 못했던 것이다.

7-1. 동화(assimilation)

> 동화는 어떤 음이 이웃하는 음의 영향을 받아 같아지거나 닮아가는 음성현상이다.
> (Assimilation may be defined as the phonetic process by which one speech sound comes to resemble or identical with a neighboring sound between words or within a word.)

동화(同化)의 한자를 풀이하면 '같을 동(同), 될 화(化)'이다. 즉, 같아지려는 현상이다. 이웃하는 음과 같아지거나, 닮아 감으로서 발음의 편의성을 얻는 것이다. 우리말에서도 폭넓게 일어나고 있으며 가장 보편적인 음변화 현상이다. 아래 예에서 '국'의 /ㄱ/이 /ㅇ/으로 발음 되는 까닭은 뒤따르는 음절 '민'의 첫 음소인 비음(nasal sound) 'ㅁ'의 영향을 받아 바로 앞에 위치한 '국'의 말음 /ㄱ/에 비음화 현상이 일어난 것이다. '종로'의 경우에는 앞에 위치한 /ㅇ/의 영향으로 뒤따르는 /ㄹ/이 /ㄴ/으로 바뀌어 발음되는 비음화 현상이 일어난 것이다.

국민 → /궁민/
종로 → /종노/

단어 형성 과정에서, 부정 접두사(prefix)를 선택 할 때 동화현상이 적용됨을 볼 수 있다. 아래 예에서 부정 접두사 'in-'과 'im-' 중에서 어떤 것을 선택할 것인가는 뒤따르는 단어의 어두가 결정함을 볼 수 있다. 즉, *possible*과 결합하는 부정접두사는 'p'와 조음위치가 같은 'm'을 가진 'im-'을 선택하고, *dividual*의 경우에는 어두의 'd'와 조음위치가 같은 'n'을 가진 부정 접두어 'in-'을 선택함을 볼 수 있다.

im+possible
im+piety

in+dividual

in+dependant

동화현상은 가장 일반적이고 언어 보편적인 현상이다. 동화현상을 다음 3가지 관점으로 나누어 살펴보면 손쉽게 동화의 특성을 파악할 수 있다.

1) 동화의 방향성에 따른 분류

동화를 일으키는 요소(trigger)가 어디에 위치하느냐에 따른 분류이다.

a. **순행동화**(progressive assimilation): 동화를 일으키는 요소가 앞에 위치하고 변화되는 음이 뒤에 위치한 경우. (A → B)

b. **역행동화**(regressive assimilation): 동화를 일으키는 요소가 뒤에 위치하고 변화되는 음이 앞에 위치한 경우. (A ← B)

c. **상호동화**(reciprocal assimilation): 앞 · 뒤의 요소가 서로에게 변화를 일으키는 경우. (A ↔ B)

2) 동화의 요소(자질)에 따른 분류

이웃하는 음의 영향을 받아 음소의 어떤 자질이 변화하느냐에 따른 분류이다.

a. **유·무성**(voicing) **동화**: 이웃하는 음의 영향을 받아 유성음화(vocalization) 현상이 일어나거나 무성음화(devocalization) 현상이 일어나는 경우를 일컫는다.

b. **조음위치**(place of articulation) **동화**: 이웃하는 음의 영향을 받아 조음위치에 변화가 생기는 음변화 현상이다.

c. **조음방법**(manner of articulation) **동화**: 이웃하는 음의 영향을 받아 조음방법에 변화가 생기는 음변화 현상이다.

3) 동화의 정도에 따른 분류

동화의 결과 영향을 준 음과 변화된 음이 동일하게 되었는지, 혹은 단순히 닮아갔는지에 따른 분류이다.

a. 완전동화(complete assimilation): 동화의 결과 영향을 준 음과 같아지는 현상이다.

b. 불완전동화(incomplete assimilation): 동화의 결과 영향을 준 음을 닮아가는 현상이다.

1. 동화의 방향성에 따른 분류

1-a. 순행동화(progressive assimilation): 앞 음의 영향을 받아 뒤따르는 음이 변화하는 현상이다. 앞이 뒤에 영향을 주기 때문에 진행동화(forward assimilation)라고도 부른다.

종로 →	[종노]	([ㄹ]→[ㄴ])
open	[óupən] → [óupn] → [oupm]	([n] → [m])
happens	[hæpənz] → [hæpnz] → [hæpmz]	([n] → [m])
bacon	[beikən] → [beikn] → [beikŋ]	([n] → [ŋ])

1-b. 역행동화(regressive assimilation): 앞의 음이 뒤따르는 음의 영향을 받아 변하는 현상이다. 뒤따르는 음을 예상하여 미리 변한다고 하여 예상동화(anticipatory assimilation)라고도 한다. 영어뿐만이 아니라 다른 언어에도 동화는 대부분이 역행동화다. 두 개의 음이 연속할 때, 선행 음을 조음하는 데 동원되지 않는 조음기관이 이미 선행 음의 조음이 진행되는 동안에 후행 음의 조음을 위한 자리로 옮겨간다.

국민 → [궁민]	([ㄱ] → [ㅇ])
congress[kangrəs] → [kaŋgrəs]	([n] → [ŋ])
have to [hæv tə] → [hæf tə]	([v] → [f])
give me[giv mi] → [gim mi]	([v] → [m])
dreadful [dredfəl] → [dretfəl]	([d] → [t])

1-c. 상호동화(reciprocal assimilation): 앞선 음과 뒤따르는 음이 서로서로에게 영향을 주어 변화를 일으키는 현상이다. 서로 영향을

주고받아 새로운 음이 탄생한다.

miss you[mis ju] → [miʃu] ([s+j] → [ʃ])
don't you[dount ju] → [dountʃu] ([t+j] → [tʃ])
would you[wud ju] → [wudʒu] ([d+j] → [dʒ])

2. 동화의 요소에 따른 분류

2-a. 유・무성동화

1) 유성음화(vocalization): 이웃하는 유성음의 영향을 받아 원래 무성음이었던 것이 성대의 진동이 수반되는 유성음으로 발음되는 현상이다.

raspberry [ræsberi] → [ræzberi] ([s] → [z])
gooseberry[gu:sberi] → [gu:zberi] ([s] → [z])
satisfy [sætisfai] → [sædisfai]or[særisfai] ([t] → [d] / [r])

2) 무성음화(devocalization): 이웃하는 무성음의 영향을 받아 원래 유성음이었던 것이 성대의 진동이 없는 무성음으로 발음되는 현상이다.

five pence [faiv pens] → [faif pens] ([v] → [f])
news + paper [nju:z + peipə] → [nju:speipə] ([z] → [s])
width [widθ] → [witθ] ([d] → [t])
breadth [bredθ] → [bretθ] ([d] → [t])
choose six [tʃu:z siks] → [tʃu:s siks] ([z] → [s])

2-b. 조음위치 동화: 어떤 음이 이웃하는 음의 영향을 받아 영향을 끼치는 음의 조음위치를 닮아가는 현상이다.

that cup [ðæt kʌp] → [ðæk kʌp] ([t] → [k])
good boy [gud bɔi] → [gub bɔi] ([d] → [b])
this shop [ðis ʃɑp] → [ðiʃ ʃɑp] ([s] → [ʃ])
this year [ðis jiə] → [ðiʃ jiə] ([s] → [ʃ])

2-c. 조음방법 동화: 어떤 음이 이웃하는 음의 영향을 받아 영향을

끼치는 음의 조음방법을 닮아가는 현상이다.

good news [gud nju:z] → [gun nju:z] ([d] → [n])
individual [indiviʤuəl] → [inniviʤuəl] ([d] → [n])
topmost [tɑ:pmoust] → [ta:mmoust] ([p] → [m])

3. 동화의 정도에 따른 분류

3-a. 완전동화: 어떤 음이 이웃하는 음의 영향을 받아 영향을 끼치는 음과 성(voicing), 조음위치(place of articulation), 조음방법(manner of articulation)을 같이하는 현상이다.

with thanks[wið θæŋks] → [wiθ θæŋks] ([ð] → [θ])
does she [dʌz ʃi] → [dʌʃ ʃi] ([z] → [ʃ])
this shop [ðis ʃop] → [ðiʃ ʃop] ([s] → [ʃ])
horse-shoe [hɔ:rs ʃu:] → [hɔ:rʃ ʃu:] ([s] → [ʃ])
let me [let mi] → [lem mi] ([t] → [m])

3-b. 불완전동화: 어떤 음이 이웃하는 음의 영향을 받아 영향을 끼치는 음과 성, 조음위치, 조음방법 중에서 하나 혹은 두 가지의 자질을 같이하는 현상이다.

in court [in kɔ:rt] → [iŋ kɔ:rt] ([n] → [ŋ])
seatbelt [si:tbelt] → [si:pbelt] ([t] → [p])
tadpole [tædpoul] → [tætpoul] ([d] → [t])
stand-point [stænd pɔint] → [stæm pɔint] ([nd] → [m])

우리가 늘 접하는 영어의 규칙적인 굴절어미(inflectional ending)의 변화를 보면 굴절어미의 발음이 순행동화의 원리에 지배받는 것을 볼 수 있다. '-(e)s'가 동사의 3인칭 단수 현재, 명사의 복수형 또는 명사의 소유격을 나타내는 접미사로서 단어의 어미에 위치할 때 해당 단어의 어말음에 따라 /s/, /z/ 혹은 /i(ə)z/로 발음된다. 즉, 어떤 단어의 어말음이

a. /s, ʃ, ʧ/ 이외의 무성음으로 끝났으면 접미사 '-(e)s'의 발음은 /s/로,

b. /z, ʒ, ʤ/ 이외의 유성음으로 끝났으면 접미사 '-(e)s'의 발음은 /z/로,

c. 치찰음(sibilants) / s, z, ʃ, ʒ, ʧ, ʤ /로 끝났으면 접미사 '-(e)s'의 발음은 / i(ə)z /로 발음된다.

명사복수	삼인칭 단수 동사	명사의소유격
two books /s/	He walks /s/	Jack's /s/ book
two dogs /z/	He plays /z/	the girl's /z/ book
two horses /iz/	He watches /iz/	Alice's /iz/ book

a. 굴절어미 '-(e)s'가 /s/로 발음되는 예.

   명사 복수 : rats, boots, books, milks, belts, wealths

   삼인칭 단수 명사 : laughs, acts, walks, likes, helps

   소유격 : Jack's, cat's

b. 굴절어미 '-(e)s'가 /z/로 발음되는 예.

   명사 복수. cabs, shoes, balls, rooms, chairs

   삼인칭 단수 동사. builds, goes, sobs, calls, rings

   소유격. boy's, John's, dog's, father's, Tom's

c. 굴절어미 '-(e)s'가 /i(ə)z/로 발음되는 예.

   명사 복수. churches, rouges, judges, mosses

   삼인칭 단수 동사. pushes, catches, faces, judges, raises

   소유격. judge's, Alice's

다음은 또 다른 규칙적 굴절어미를 가지는 동사의 과거형 어미 '-(e)d'의 발음을 살펴보자. '-(e)d'는 주어진 단어의 어말 음소의 자질에 따라 /t/, /d/, 혹은 /i(ə)d/로 발음된다. '-(e)d'가 동사의 과거 또는 과거분사를 나타내는 접미사로서 어미에 위치할 때 그 단어의 어말음이

a. / t / 이외의 무성음으로 끝났으면 '-(e)d'의 발음은 / t /로,

b. / d / 이외의 유성음으로 끝났으면 '-(e)d'의 발음은 / d /로.

c. / t, d /로 끝났으면 '-(e)d'의 발음은 / i(ə)d /로 발음된다.

1. 굴절어미 '-(e)d'가 /t/로 발음되는 예:
   camped, pushed, touched, walked, lunched, danced

2. 굴절어미 '-(e)d'가 /d/로 발음되는 예:
   cried, begged, lived, raised, roomed, called

3. 굴절어미 '-(e)d'가 /i(ə)d/로 발음되는 예:
   demanded, waited, wanted, landed

끝으로 모음과 모음사이에 위치한 음소 /t/가 유성음화 되어 /d/처럼 발음되거나 탄음화(flapped)되어 /r/처럼 발음된다. 이 또한 동화 현상이다.

battery[bæd(r)əri] ([t] → [ɾ] or [d])
computer[kəmpjú:rər] ([t] → [ɾ])

그러나 주의할 점은 아래 예에서 볼 수 있듯이 탄음화 현상은 선행모음에 강세가 있을 때에만 나타나고, 강세가 후행 모음에 올 때에는 /t/가 정상적으로 발음된다는 사실이다.

atom[ǽr(d)əm] – atomic[ətǽmik]
Italy[íd(r)əli] – Italian[itǽliən]

7-2. 이화(dissimilation)

같거나 유사한 음의 반복을 꺼려서 반복되는 음을 탈락시키거나 바꾸는 음성 현상이다.
(Dissimilation may be defined as the process by which the awkward repetition of sound is obviated by the omission or change of the sound in one of its occurrences.)

우리말의 "거북"의 예를 보자. 원래는 "거붑"이었는데 /ㅂ/의 반복을 꺼려서 뒤따르는 /ㅂ/이 /ㄱ/으로 바뀐 이화의 예다. 시간이 지나면서 철자까지 '거북'으로 고정된 것이다.

거붑 → 거북

단어 형성 과정에서 접미사(suffix)를 선택할 때, 이화 현상이 적용됨을 볼 수 있다. 아래 예에서 접미사 '-al'과 '-ar' 중에서 어떤 것을 선택할 것인가는 단어의 어미가 결정함을 볼 수 있다. 즉, 명사에 형용사 접미사 '-al'이나 '-ar' 붙여 형용사를 만드는 경우에 이화 현상이 반영된다. 형용사 형성 접미사가 첨가되기 전 명사의 마지막 자음이 /l/이면 반복을 피하기 위해 '-ar'이 첨가되고, 어말이 /l/이 아닌 경우에는 '-al'이 첨가된다.

culture → cultural
single → singular
angle → angular

이화는 변화의 방향성에 따라 순행이화와 역행이화 두 가지로 구분한다.

a. 순행이화(progressive disimilation): 앞 선 음의 영향을 받아 뒤따르는 같거나 유사한 음이 탈락하거나 바뀌는 음변화 현상이다.

recognize	[rekəgnaiz] → [rekənaiz]	([g] → [∅])
chimney	[ʧimni] → [ʧimli]	([mn] → [ml])

b. 역행이화(regressive disimilation): 이화 작용도 동화와 마찬가지로 대부분 역행에 의해 일어난다. 즉 비슷하거나 같은 음이 둘 있을 때, 앞의 음이 뒤에 오는 음의 영향을 받아 없어지거나 다른 음으로 변한다.

secretary	[sekrəteri] → [sekəteri]	([r] → [∅])
temporary	[tempəreri] → [tempreri]	([ə] → [∅])
camera	[kæmərə] → [kæmrə]	([ə] → [∅])
utterance	[ʌtərəns] → [ʌtrəns]	([ə] → [∅])
fulfill	[fulfil] → [fufil]	([l] → [∅])
government	[gʌvɚnmənt] → [gʌvɚmənt]	([n] → [∅])
diphthong	[difθɔ:ŋ] → [dipθ ɔ:ŋ]	([f] → [p])
surprise	[sɚpraiz] → [səpraiz]	([ɚ] → [ə])
library	[laibreri] → [laiberi]	([r] → [∅])

7-3. 탈락 (deletion)

어떤 음이 소실되는 현상이다.

탈락은 약음절(weak syllable)에서만 일어나고, 부주의하거나 빠른 말투에서 흔히 발생한다. 강세 음절에서의 모음과 모음 앞에 위치한 자음(두음, onset)의 탈락은 발생하지 않는다.

a. 자음의 탈락: 연속되는 자음 중에서 하나를 탈락시켜 발음을 용이하게 한다. 특히 폐쇄음에서 이와 같은 탈락 현상이 잘 일어난다.

grandfather	[grændfɑːðɚ] → [grænfaːðɚ]	([d] → [∅])
grandson	[grændsʌn] → [grænsʌn]	([d] → [∅])

다음은 다른 단어와의 병렬관계(juxtaposition)에서 발생하는 예이다.

last time	[læst taim] → [læs taim]	([t] → [∅])
blind man	[blaind mæn] → [blain mæn]	([d] → [∅])
sit down	[sit daun] → [si daun]	([t] → [∅])

위의 예들에서 보았듯이 탈락은 단어 내에서 뿐만이 아니라 단어 경계에서도 일어난다. 자음의 탈락에서 /t/, /d/는 특히 두드러진다. 일반적으로 /t/ 나 /d/의 탈락은 이들이 자음으로 둘러싸여 있을 경우에 흔히 발생한다.

acts	[ækts] → [æks]
sounds	[soundz] → [sounz]
last night	[last nait] → [lasnait]

일상생활에서 접속사 'and'의 어말음 /d/가 생략되어 발음되는 경우가 흔히 발생한다. 이 또한 /d/가 다른 자음에 둘러싸여 있을 때 발생함을 알 수 있다.

go and see
rock and roll
you and me
come and go
guys and dolls

b. 모음의 탈락: 모음의 탈락은 강세를 받지 않는 음절에서 약세모음 /ə/가 흔히 탈락한다.

police	[pəli:s] → [pli:s]	([ə] → [∅])
correct	[kərekt] → [krekt]	([ə] → [∅])
photography	[fətɑ:grəfi] → [ftɑgrəfi]	([ə] → [∅])
camel	[kæməl] → [kæml]	([ə] → [∅])
bachelor	[bæʧələ] → [bæʧlə]	([ə] → [∅])
family	[fæməli] → [fæmli]	([ə] → [∅])

모음으로 시작되는 단어의 둘째 음절에 강세가 있을 때 흔히 어두의 모음 /ə/, /i/가 탈락되어 발음된다.

america	[əmérika] → [merika]	([ə] → [∅])
emotion	[imóuʃən] → [mouʃən]	([i] → [∅])
I imagine	[ai imæʤin] → [ai mæʤin]	([i] → [∅])

c. 중음 탈락(haplology): 같거나 비슷한 음절이 되풀이될 때 강세를 받지 않는 한 음절이 탈락하는 경우이다.

Mississippi	[misəsipi] → [misipi]	([sə] → [∅])
probably	[prɑ:bəbli] → [pra:bli]	([bə] → [∅])
similarly	[simələrli] → [siməli]	([lər] → [∅])
haplology	[hæplaləʤi] → [hæpləʤi]	([lɑ] → [∅])
mama	[mɑ:mə] → [mɑ]	([mə] → [∅])
papa	[pɑ:pə] → [pɑ]	([pə] → [∅])

7-4. 첨가(addition)

> 낱말의 어두, 어중, 어미 중에 원래 존재하지 않는 음이 새로 덧붙여지는 현상이다.

첨가 현상은 크게 자음의 첨가와 모음의 첨가로 나누어 살펴 볼 수 있다.

7-4-1. 자음의 첨가

a. 어중음 첨가 : 단어 내에서 어떤 음이 어중에 첨가되는 현상이다. 가장 일반적인 자음의 첨가 현상은 비음 다음에 폐쇄음이나 마찰음이 뒤따를 때 침입자음(intrusive consonant)이 발생하는 경우이다. 이때의 침입자음은 비음과는 조음위치를 같이하고 뒤따르는 폐쇄음이나 마찰음과는 성(voicing)을 같이 한다. 참고로 조음위치가 같은 음을 동기음(homorganic consonant)이라 한다. 다음은 대표적인 어중음 첨가 현상인 침입 자음이 나타나는 환경을 보여준다.

비음(nasals) + 폐쇄음 혹은 마찰음(stops or fricatives)
↑
└─ 침입자음(intrusive consonant)

/m/뒤에 온 침입자음 /p/가 발생하는 예:

something	[sʌmθiŋ] → [sʌmpθiŋ]	([∅] → [p] / [m__θ])
dreamt	[dremt] → [drempt]	([∅] → [p] / [m__t])
warmth	[wɔ:rmθ] → [wɔrmpθ]	([∅] → [p] / [m__θ])

/n/뒤에 온 침입자음 /t/가 발생하는 예:

tenth	[tenθ] → [tentθ]	([∅] → [t] / [n__θ])
prince	[prins] → [prints]	([∅] → [t] / [n__s])
sense	[sens] → [sents]	([∅] → [t] / [n__s])
once	[wʌns] → [wʌnts]	([∅] → [t] / [n__s])
dance	[dæns] → [dænts]	([∅] → [t] / [n__s])

/ŋ/뒤에 온 침입자음 /k/가 발생하는 예:

length [leŋθ] → [lɛŋkθ] ([∅] → [k] / [ŋ__θ])

다음은 역사적 변천 과정에서 첨가 현상이 철자로 굳어진 예이다.

pum**p**kin, em**p**ty, glim**p**se

b. 어말음 첨가 : 단어 말미에 음소가 첨가되는 현상이다. 바람직한 발음법은 아니다.

amid → amidst ([∅] → [st] / __##)

yes → yep ([∅] → [p] / __##)

no → nope ([∅] → [p] / __##)

7-4-2. 모음의 첨가

a. 불명료한(dark) ‘l’ 앞에 약모음 /ə/가 첨가되는 경우

well [wɛ(ə)l], candle [kænd(ə)l]

b. 강조할 때 약모음 /ə/를 첨가되는 경우

three [θ(ə)ri], please [p(ə)liz]

c. 양순음 ‘m’ 앞에 다른 자음이 왔을 때 약모음 /ə/를 첨가되는 경우

film [fil(ə)m], smile [s(ə)mail], film [fil(ə)m]

7-4-3. 접근음(approximant)의 첨가

a. 접근음 /r/의 첨가

단어의 결합이 모음으로 끝나고 모음으로 시작하는 경우에 접근음 /r/이 삽입된다. 즉, 모음접속으로 인한 발음상의 불편함을 해소하기 위해 접근음 /r/이 모음과 모음 사이에 삽입되는 것이다.

The sofa over there [ðə soufə ouvə ðɛə] → [ðə soufə rovə ðɛə]

idea of [aidiə əv] → [aidiə rəv]

America and Europe [əmerikə ənd jurəp] → [əmerikə rən jurəp]

b. 접근음 /j/, /w/의 첨가: 앞 단어가 /i/나 /u/로 끝나고 뒤따르는 단어가 모음으로 시작할 때 뒤따르는 단어의 어두에 흔히 첨가 된다.

you are [ju ar] → [ju war]
he is [hi iz] → [hi jiz]

7-5. 연성(liaison)과 연결(linking)

연성(liaison)이란 어떤 낱말 단독에서는 발음되지 않는 말미자음이 모음으로 시작되는 다른 낱말과 일정한 문법적 관계를 이루어 후속할 때 뒤따르는 단어의 어두처럼 발음되는 현상이다.

불어의 마지막 자음은 흔히 발음되지 않지만 모음이나 무음의 'h'로 시작하는 단어 앞에서는 발음되는 일이 많다. 이러한 현상은 모음접속(hiatus)으로 인한 발음상의 불편을 피하게 한다. 불어의 'nous'에서 어말의 's'가 단독으로 사용될 때는 발음되지 않지만, 모음이나 무음의 'h'로 시작되는 단어가 뒤따르면 마치 뒤따르는 단어의 어두처럼 발음된다.

Nous avons tort. (우리가 잘못이다.)
[nu avɔŋ tɔ:r] -> [nu zavɔŋ tɔ:r]

길거리에서 흔히 접하는 'Tour Les Jours'라는 빵집 이름이 있다. 우리말로 옮기면 "온종일"에 해당하는 'Tour Les Jours'는 /뚜레주르/로 발음된다. 어말의 자음들 즉, '*Tour*'의 '*r*'과 '*Les*'의 '*s*'가 뒤따르는 단어가 자음으로 시작될 때 발음되지 않음을 볼 수 있다. 그러나 '아이들'을 의미하는 'les enfants'의 관사 *les*의 어말 자음이 모음으로 시작하는 뒤따르는 단어의 어두처럼 발음 되는 것을 볼 수 있다.

les enfants [le + ãfã] → [le zãfã]

연결(liking)이란 어말의 자음이 뒤따르는 단어의 첫 머리처럼 발음되는 현상이다. 이때 뒤따르는 단어의 첫머리는 모음 또는 접근음이다.

휘트니 휴스톤(Whitney Houston)이 영화 "Body Guard"에서 부른 애절한 노래 'I will always love you'의 노랫말에서 '*and I*'하는 부분이 있다. 우리 귀에 /앤다이/로 들리는 바로 이것이 연결현상이다. 노랫말 한 소절을 옮겨본다.

If I should stay, I would only be in your way
So I will go, but I know I'll think of you every step of the way.
And I will always love you,~~~

다음은 우리가 일상생활에서 흔히 말하는 표현들에서 연결 현상이 발생하는 예이다.

thank you [θæŋk + ju] → [θæŋ kju]
take it easy [teik + it + izi] → [tei ki tizi]

어말에 위치한 'r'의 경우를 보자. RP의 경우에 어말에서 단독으로는 발음이 되지 않는 'r'이 모음으로 시작하는 단어가 뒤따를 때 'r'이 발음되어 마치 뒤따르는 단어의 어두처럼 발음된다.

a pair of shoes [ə +pεə + əv +ʃuz] → [ə pεə rəv ʃuz]
far away [fa +əwei] → [fa rəwei]

그러나 GA의 경우에는 모든 'r'을 다 발음하기 때문에 연성 현상이 일어나지 않는다. 즉, 미국영어에서는 아래의 예들을 연결(linking) 현상으로 설명하고, 영국영어에서는 연성(Liaison) 현상으로 설명한다.

a pair of shoes [ə+pεə*r*+əv+ʃuz] → [ə pεə rəv ʃuz]
far away[fa*r*+əwei] → [fa rəwei]

단, 의미단락(sense group)의 경계에서는 연성이나 연결 현상이 일어나서는 안 된다.

I had four and my brother had five apples.

7-6. 음위전환(metathesis)과 스푸너리즘(spoonerism)

음위전환(metathesis)이란 단어 내에서 음의 위치를 바꾸는 현상이다.

더운 여름날 해질 무렵에 운동을 마치면 시원한 생맥주 한 잔이 생각난다. 이 때 누군가가 배도 출출한데 '키친에 생맥주 한잔' 하자고 제안하면 대개 군소리 없이 따라간다. '치킨(닭고기, chicken)'을 '키친(부엌, kitchen)'으로 발음했는데도 의미의 전달에 문제가 없다. 이처럼 단어 내에서 음의 순서를 바꾸는 것이 음위전환이다. 현대영어에서의 'bird'는 고대영어에서 'brid'였는데 음위전환이 일어났고 철자로 굳어진 예이다.

chicken	[tʃikin] → [kitʃin]	([k] ↔ [tʃ])
elevate	[eliveit] → [evəleit]	([v] ↔ [l])
tragedy	[trædʒədi] → [trædədʒi]	([d] ↔ [dʒ])
pronounce	[prənauns] → [pɚnauns]	([rə] ↔ [ər])
hundred	[hʌndrəd] → [hʌndɚd]	([rə] ↔ [ər])

스푸너리즘(spoonerism)이란 단어와 단어사이에 어두음의 위치를 바꾸는 현상이다.

단어들의 어두 위치를 서로 바꾸는 현상을 특히 두음전환 혹은 스푸너리즘(spoonerism)이라 한다. 영국 옥스퍼드(Oxford) 대학교의 학장이었던 스푸너(W.A. Spooner(1844 ~ 1930))가 이러한 말의 실수(slips of the tongue)를 자주했기 때문에 그의 이름을 따서 스푸너리즘(spoonerism)이란 용어가 생겨나게 되었다. 그는 노동자들이 모인 대중 앞에서 연설을 했을 때 "I have never before addressed so many ***s***ons of ***t***oil"이라고 했어야 할 것을 "so many ***t***ons of ***s***oil"이라 했다고 한다. 그리고 'He received a ***cr***ushing ***bl***ow'를 'He received a ***bl***ushing ***cr***ow'라고 하는 것도 같은 예다. 음위 전환이나 스푸너리즘은 부주의한 발화에서 종종 일어나는 현상으로 굳이 배울 필요는 없다. 다음은 두음전환의 예들이다.

Chomsky and ***Ha***lle → ***H***omsky and ***Ch***alle

with this ***r***ing I thee ***w***ed → with this ***w***ing I thee ***r***ed

dear old ***qu***een → ***qu***ear old ***d***een

light a ***f***ire → ***f***ight a ***l***iar

Eexercise

연습문제

01. 빈칸을 채우시오.

- 동화는 이웃하는 음의 영향을 받아 같아지거나 (　　　　)가는 현상이다.
- 이화는 같거나 유사한 음의 (　　　　)을 꺼려서 반복되는 음을 탈락시키거나 바꾸는 음성현상이다.
- 탈락은 어떤 음이 (　　　　　　)되는 현상이다.
- (　　　　　　)는 낱말의 어두, 어중, 어미에 원래 존재하지 않는 음이 새로 덧붙여지는 현상이다.
- 어떤 낱말 단독에서는 발음되지 않는 어말 자음이 모음으로 시작되는 다른 낱말과 밀접한 문법적 관계를 가질 때 그 모음과 이어져 발음되는 현상을 (　　　　　　)이라고 한다.
- (　　　　　　)은 어말의 자음이 뒤따르는 단어의 첫머리처럼 발음되는 현상이다. 이때 뒤따르는 단어의 첫머리는 모음 또는 접근음이다.
- 음위전환이란 단어 내에서 음의 (　　　　　　)를 바꾸는 현상이다.

02. 아래 단어에서 일어난 동화현상을 3가지 관점에서 설명하시오.

congress[kangrəs] → [kaŋgrəs]

a. 동화의 방향성 :

b. 동화의 요소 :

c. 동화의 정도 :

03. 아래 단어에서 일어난 동화현상 3가지 관점으로 설명하시오.

this shop [ðis ʃɑp] → [ðiʃ ʃɑp]

a. 동화의 방향성 :

b. 동화의 요소 :

c. 동화의 정도 :

04. 아래 단어에서 일어난 동화현상 3가지 관점으로 설명하시오.

bacon[beikən] → [beikn] → [beikŋ]

a. 동화의 방향성 :

b. 동화의 요소 :

c. 동화의 정도 :

05. 아래에서 순행 이화가 일어난 예를 고르시오.

① temporary[tempəreri] → [tempreri]

② fulfill[fulfil] → [fufil]

③ chimney[ʧimni] → [ʧimli]

④ library[laibreri] → [laiberi]

06. 다음 중 모음 탈락이 일어난 예를 고르시오.

① grandson[grændsʌn] → [grænsʌn]

② police[pəli:s] → [pli:s]

③ mama[ma:mə] → [ma]

④ acts[ækts] → [æks]

07. 다음 중 모음의 첨가가 이루어진 예를 고르시오.

① something[sʌmθiŋ] → [sʌmpθiŋ]

② tenth[tenθ] → [tentθ]

③ three[θri] → [θəri]

④ once[wʌns] → [wʌnts]

08. 음위전환(metathesis)의 예를 고르시오.

① asked[æsk] → [ækst]

② rate of wages → weight of rages

③ bacon[beikən] → [beikŋ]

④ crushing blow → blushing crow

09. '–(e)s'가 동사의 3인칭 단수 현재, 명사의 복수형 또는 명사의 소유격을 나타내는 접미사로서 단어의 어미에 위치할 때 해당 단어의 어말음이

a. / , , / 이외의 무성음으로 끝났으면 접미사 '-(e)s'의 발음은 /s/로,

b. / , , / 이외의 유성음으로 끝났으면 접미사 '-(e)s'의 발음은 /z/로,

c. 치찰음(sibilants) / s, z, ʃ, ʒ, ʧ, ʤ /로 끝났으면 접미사 '-(e)s'의 발음은 / /로 발음된다.

10. '–(e)d'가 동사의 과거 또는 과거분사를 나타내는 접미사로서 어말에 위치할 때 해당 단어의 어말음이

① /t/ 이외의 ( )으로 끝나면 '-(e)d'의 발음은 (/ /)로 발음된다.

② /t/ 이외의 ( )으로 끝나면 '-(e)d'의 발음은 (/ /)로 발음된다.

③ /t, d/로 끝났으면 '-(e)d'의 발음은 (/ /)로 발음된다.

11. 아래에서 이화작용의 예를 고르시오.

① ask [æsk] → [æks]

② sense [sens] → [sents]

③ writer [ráitər] → [ráidər]

④ diphthong [dífθɔ(ː)ŋ] → [dípθɔ(ː)ŋ]

12.. 아래 단어에서 공통적으로 일어나는 음변화 현상은?

something, sense, strength

① 동화(assimilation)

② 자음첨가(excrescent)

③ 어중음소실(syncope)

④ 축약(contraction)

13. 아래에서 일어나는 음변화 현상은?

far away [fa + awəi] → [fa rəwei]

① 연성(liaision)
② 동화(assimilation)
③ 첨가(addition)
④ 연결(linking)

14. 아래에서 일어나는 음변화 현상은?

thank you [θæŋk + ju] → [θæŋ kju]

① 음위전환(metathesis)
② 동화(assimilation)
③ 첨가(addition)
④ 연결(linking)

Appendix

부 록

부록 〈1〉

IPA

THE INTERNATIONAL PHONETIC ALPHABET (revised to 2015)

CONSONANTS (PULMONIC)

	Bilabial	Labiodental	Dental	Alveolar	Postalveolar	Retroflex	Palatal	Velar	Uvular	Pharyngeal	Glottal
Plosive	p b			t d		ʈ ɖ	c ɟ	k ɡ	q ɢ		ʔ
Nasal	m	ɱ		n		ɳ	ɲ	ŋ	ɴ		
Trill	ʙ			r					ʀ		
Tap or Flap		ⱱ		ɾ		ɽ					
Fricative	ɸ β	f v	θ ð	s z	ʃ ʒ	ʂ ʐ	ç ʝ	x ɣ	χ ʁ	ħ ʕ	h ɦ
Lateral fricative				ɬ ɮ							
Approximant		ʋ		ɹ		ɻ	j	ɰ			
Lateral approximant				l		ɭ	ʎ	ʟ			

Symbols to the right in a cell are voiced, to the left are voiceless. Shaded areas denote articulations judged impossible.

CONSONANTS (NON-PULMONIC)

Clicks	Voiced implosives	Ejectives
ʘ Bilabial	ɓ Bilabial	ʼ Examples:
ǀ Dental	ɗ Dental/alveolar	pʼ Bilabial
ǃ (Post)alveolar	ʄ Palatal	tʼ Dental/alveolar
ǂ Palatoalveolar	ɠ Velar	kʼ Velar
ǁ Alveolar lateral	ʛ Uvular	sʼ Alveolar fricative

VOWELS

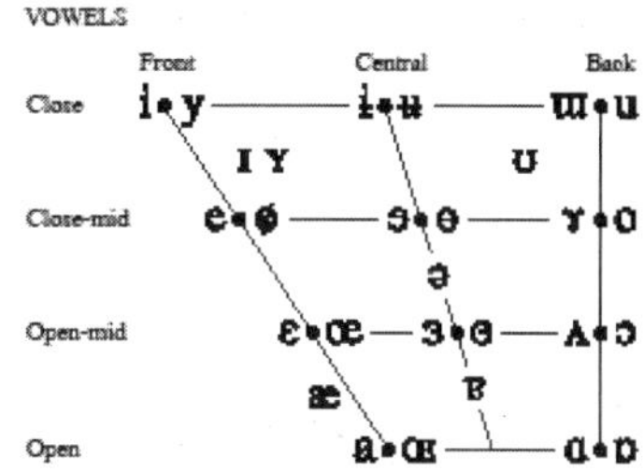

Where symbols appear in pairs, the one to the right represents a rounded vowel.

OTHER SYMBOLS

- ʍ Voiceless labial-velar fricative
- w Voiced labial-velar approximant
- ɥ Voiced labial-palatal approximant
- ʜ Voiceless epiglottal fricative
- ʢ Voiced epiglottal fricative
- ʡ Epiglottal plosive
- ɕ ʑ Alveolo-palatal fricatives
- ɺ Voiced alveolar lateral flap
- ɧ Simultaneous ʃ and x

Affricates and double articulations can be represented by two symbols joined by a tie bar if necessary. t͡s k͡p

SUPRASEGMENTALS

- ˈ Primary stress ˌfoʊnəˈtɪʃən
- ˌ Secondary stress
- ː Long eː
- ˑ Half-long eˑ
- ˘ Extra-short ĕ
- | Minor (foot) group
- ‖ Major (intonation) group
- . Syllable break ɹi.ækt
- ‿ Linking (absence of a break)

DIACRITICS Some diacritics may be placed above a symbol with a descender, e.g. ŋ̊

̥ Voiceless n̥ d̥	̤ Breathy voiced b̤ a̤	̪ Dental t̪ d̪
̬ Voiced s̬ t̬	̰ Creaky voiced b̰ a̰	̺ Apical t̺ d̺
ʰ Aspirated tʰ dʰ	̼ Linguolabial t̼ d̼	̻ Laminal t̻ d̻
̹ More rounded ɔ̹	ʷ Labialized tʷ dʷ	̃ Nasalized ẽ
̜ Less rounded ɔ̜	ʲ Palatalized tʲ dʲ	ⁿ Nasal release dⁿ
̟ Advanced u̟	ˠ Velarized tˠ dˠ	ˡ Lateral release dˡ
̠ Retracted e̠	ˤ Pharyngealized tˤ dˤ	̚ No audible release d̚
̈ Centralized ë	̴ Velarized or pharyngealized ɫ	
̽ Mid-centralized e̽	̝ Raised e̝ (ɹ̝ = voiced alveolar fricative)	
̩ Syllabic n̩	̞ Lowered e̞ (β̞ = voiced bilabial approximant)	
̯ Non-syllabic e̯	̘ Advanced Tongue Root e̘	
˞ Rhoticity ɚ a˞	̙ Retracted Tongue Root e̙	

TONES AND WORD ACCENTS

LEVEL		CONTOUR	
e̋ or ˥	Extra high	ě or ˩˥	Rising
é ˦	High	ê ˥˩	Falling
ē ˧	Mid	e᷄ ˦˥	High rising
è ˨	Low	e᷅ ˩˨	Low rising
ȅ ˩	Extra low	e᷈ ˧˦˧	Rising-falling
ꜜ	Downstep	↗	Global rise
ꜛ	Upstep	↘	Global fall

Typefaces: Doulos SIL (metatext); Doulos SIL, IPA Kiel, IPA LS Uni (symbols)

부록 〈2〉

로마자 표기법

고친 로마자표기법은 외국인이 우리말의 발음을 본디 소리와 비슷하게 내도록 유도하였고 낯선 부호들을 없애 시각적인 거부감을 줄였다.

하지만, 이미 굳어진 고유명사까지도 새 로마자표기법을 따라야 하는 문제가 발생했다.

제 1 장 표기의 기본 원칙

제1항 국어의 로마자 표기는 국어의 표준 발음법에 따라 적는 것을 원칙으로 한다.

제2항 로마자 이외의 부호는 되도록 사용하지 않는다.

제 2 장 표기 일람

제1항 모음은 다음 각 호와 같이 적는다.

1. 단모음

ㅏ	ㅓ	ㅗ	ㅜ	ㅡ	ㅣ	ㅔ	ㅚ	ㅟ
a	eo	o	u	eu	i	e	oe	wi

2. 이중 모음

ㅑ	ㅕ	ㅛ	ㅠ	ㅒ	ㅖ	ㅘ	ㅙ	ㅝ	ㅞ	ㅢ
ya	yeo	yo	yu	yae	ye	wa	wae	wo	we	ui

[붙임 1] 'ㅢ'는 'ㅣ'로 소리 나더라도 'ui'로 적는다.

(보기) 광희문 Gwanghuimun

[붙임 2] 장모음의 표기는 따로 하지 않는다.

제2항 자음은 다음 각 호와 같이 적는다.

1. 파열음

ㄱ	ㄲ	ㅋ	ㄷ	ㄸ	ㅌ	ㅂ	ㅃ	ㅍ
g, k	kk	k	d, t	tt	t	b, p	pp	p

2. 파찰음

ㅈ	ㅉ	ㅊ
j	jj	ch

3. 마찰음

ㅅ	ㅆ	ㅎ
s	ss	h

4. 비음

ㄴ	ㅁ	ㅇ
n	m	ng

5. 유음

ㄹ
r, l

구미	Gumi	영동	Yeongdong	백암	Baegam
옥천	Okcheon	합덕	Hapdeok	호법	Hobeop
월곶 [월곧]	Wolgot	벚꽃 [벋꼳]	beotkkot	한밭 [한받]	Hanbat

[붙임 1] 'ㄱ, ㄷ, ㅂ'은 모음 앞에서는 'g, d, b'로, 자음 앞이나 어말에서는 'k, t, p'로 적는다.([ ] 안의 발음에 따라 표기함.)

[붙임 2] 'ㄹ'은 모음 앞에서는 'r'로, 자음 앞이나 어말에서는 'l'로 적는다. 단, 'ㄹㄹ'은 'll'로 적는다.

구리	Guri	설악	Seorak	칠곡	Chilgok
임실	Imsil	울릉	Ulleung	대관령 [대괄령]	Daegwa llyeong

제 3 장 표기상의 유의점

제1항 음운 변화가 일어날 때에는 변화의 결과에 따라 다음 각 호와 같이 적는다.

1. 자음 사이에서 동화 작용이 일어나는 경우

백마 [뱅마]	Baengma	신문로 [신문노]	Sinmunno	종로 [종노]	Jongno
왕십리 [왕심니]	Wangsimni	별내 [별래]	Byeollae	신라 [실라]	Silla

2. 'ㄴ, ㄹ'이 덧나는 경우

학여울[항녀울]	Hangnyeoul	알약[알략]	allyak

3. 구개음화가 되는 경우

해돋이 [해도지]	haedoji	같이 [가치]	gachi	굳히다 [구치다]	guchida

4. 'ㄱ, ㄷ, ㅂ, ㅈ'이 'ㅎ'과 합하여 거센소리로 소리 나는 경우

좋고[조코]	joko	놓다[노타]	nota
잡혀[자펴]	japyeo	낳지[나치]	nachi

다만, 체언에서 'ㄱ, ㄷ, ㅂ' 뒤에 'ㅎ'이 따를 때에는 'ㅎ'을 밝혀 적는다.

묵호(Mukho)　　　　집현전(Jiphyeonjeon)

[붙임] 된소리되기는 표기에 반영하지 않는다.

압구정	Apgujeong	낙동강	Nakdonggang	죽변	Jukbyeon
낙성대	Nakseongdae	합정	Hapjeong	팔당	Paldang
샛별	saetbyeol	울산	Ulsan		

제2항 발음상 혼동의 우려가 있을 때에는 음절 사이에 붙임표(-)를 쓸 수 있다.

중앙	Jung-ang	반구대	Ban-gudae
세운	Se-un	해운대	Hae-undae

제3항 고유 명사는 첫 글자를 대문자로 적는다.

부산	Busan	세종	Sejong

제4항 인명은 성과 이름의 순서로 띄어 쓴다. 이름은 붙여 쓰는 것을 원칙으로 하되 음절 사이에 붙임표(-)를 쓰는 것을 허용한다. (( ) 안의 표기를 허용함.)

민용하 Min Yongha (Min Yong-ha)
송나리 Song Nari (Song Na-ri)

1. 이름에서 일어나는 음운 변화는 표기에 반영하지 않는다.

한복남	Han Boknam (Han Bok-nam)	홍빛나	Hong Bitna (Hong Bit-na)

2. 성의 표기는 따로 정한다.

제5항 '도, 시, 군, 구, 읍, 면, 리, 동'의 행정 구역 단위와 '가'는 각각 'do, si, gun, gu, eup, myeon, ri, dong, ga'로 적고, 그 앞에는 붙임표(-)를 넣는다. 붙임표(-) 앞뒤에서 일어나는 음운 변화는 표기에 반영하지 않는다.

충청북도	Chungcheongbuk-do	제주도	Jeju-do
의정부시	Uijeongbu-si	양주군	Yangju-gun
도봉구	Dobong-gu	신창읍	Sinchang-eup
삼죽면	Samjuk-myeon	인왕리	Inwang-ri
당산동	Dangsan-dong	봉천 1동	Bongcheon 1(il)-dong
종로 2가	Jongno 2(i)-ga	퇴계로 3가	Toegyero 3(sam)-ga

[붙임] '시, 군, 읍'의 행정 구역 단위는 생략할 수 있다.

청주시	Cheongju	함평군	Hampyeong	순창읍	Sunchang

제6항 자연 지물명, 문화재명, 인공 축조물명은 붙임표(-) 없이 붙여 쓴다.

남산	Namsan	속리산	Songnisan
금강	Geumgang	독도	Dokdo
경복궁	Gyeongbokgung	무량수전	Muryangsujeon
연화교	Yeonhwagyo	극락전	Geungnakjeon
안압지	Anapji	남한산성	Namhansanseong
화랑대	Hwarangdae	불국사	Bulguksa
현충사	Hyeonchungsa	독립문	Dongnimmun
오죽헌	Ojukheon	촉석루	Chokseongnu
종묘	Jongmyo	다보탑	Dabotap

제7항 인명, 회사명, 단체명 등은 그동안 써 온 표기를 쓸 수 있다.

제8항 학술 연구 논문 등 특수 분야에서 한글 복원을 전제로 표기할 경우에는 한글 표기를 대상으로 적는다. 이때 글자 대응은 제2장을 따르되 'ㄱ, ㄷ, ㅂ, ㄹ'은 'g, d, b, l'로만 적는다. 음가 없는 'ㅇ'은 붙임표(-)로 표기하되 어두에서는 생략하는 것을 원칙으로 한다. 기타 분절의 필요가 있을 때에도 붙임표(-)를 쓴다.

집	jib	짚	jip
밖	bakk	값	gabs
붓꽃	buskkoch	먹는	meogneun
독립	doglib	문리	munli
물엿	mul-yeos	굳이	gud-i
좋다	johda	가곡	gagog
조랑말	jolangmal	없었습니다.	eobs-eoss-seubnida

부칙

① (시행일) 이 규정은 고시한 날부터 시행한다.

② (표지판 등에 대한 경과 조치) 이 표기법 시행 당시 종전의 표기법에 의하여 설치된 표지판(도로, 광고물, 문화재 등의 안내판)은 2005. 12. 31.까지 이 표기법을 따라야 한다.

③ (출판물 등에 대한 경과 조치) 이 표기법 시행 당시 종전의 표기법에 의하여 발간된 교과서 등 출판물은 2002. 2. 28.까지 이 표기법을 따라야 한다.

부록 〈3〉

외래어 표기법

제1장 외래어 표기의 기본 원칙

제1항 외래어는 국어의 현용 24자모만으로 적는다.

제2항 외래어의 1음운은 원칙적으로 1기호로 적는다.

제3항 받침에는 'ㄱ, ㄴ, ㄹ, ㅁ, ㅂ, ㅅ, ㅇ'만을 적는다.

제4항 파열음 표기에는 된소리를 쓰지 않는 것을 원칙으로 한다.

제5항 이미 굳어진 외래어는 관용을 존중하되, 그 범위와 용례는 따로 정한다.

제 2 장 표기일람표

자음			반모음		모음	
국제 음성기호	한글		국제 음성기호	한글	국제 음성기호	한글
	모음 앞	자음앞 또는 어말				
p	ㅍ	ㅂ, 프	j	이*	i	이
b	ㅂ	브	ɥ	위	y	위
t	ㅌ	ㅅ, 트	w	오, 우*	e	에
d	ㄷ	드			ø	외
k	ㅋ	ㄱ, 크			ɛ	에
g	ㄱ	그			ɛ̃	앵
f	ㅍ	프			œ	외
v	ㅂ	브			œ̃	욍
θ	ㅅ	스			æ	애
ð	ㄷ	드			a	아
s	ㅅ	스			ɑ	아
z	ㅈ	즈			ɑ̃	앙
ʃ	시	슈, 시			ʌ	어
ʒ	ㅈ	지			ɔ	오
ʦ	ㅊ	츠			ɔ̃	옹
dz	ㅈ	즈			o	오
ʧ	ㅊ	치			u	우
ʤ	ㅈ	지			ə**	어
m	ㅁ	ㅁ			ɚ	어
n	ㄴ	ㄴ				
ɲ	니*	뉴				
ŋ	ㅇ	ㅇ				
l	ㄹ, ㄹㄹ	ㄹ				
r	ㄹ	르				
h	ㅎ	흐				
ç	ㅎ	히				
x	ㅎ	흐				

제3장 표기 세칙

제1절 영어의 표기

제1항 무성 파열음([p], [t], [k])

1. 짧은 모음 다음의 어말 무성 파열음([p], [t], [k])은 받침으로 적는다.

gap[gæp] 갭	cat[kæt] 캣	book[buk] 북

2. 짧은 모음과 유음·비음([l], [r], [m], [n]) 이외의 자음 사이에 오는 무성 파열음([p], [t], [k])은 받침으로 적는다.

apt[æpt] 앱트	setback[setbæk] 셋백	act[ækt] 액트

3. 위 경우 이외의 어말과 자음 앞의 [p], [t], [k]는 '으'를 붙여 적는다.

stamp[stæmp] 스탬프	cape[keip] 케이프	nest[nest] 네스트
part[pɑːt] 파트	desk[desk] 데스크	make[meik] 메이크
apple[æpl] 애플	mattress[mætris] 매트리스	
chipmunk[ʧipmʌŋk] 치프멍크	sickness[siknis] 시크니스	

제2항 유성 파열음([b], [d], [g])

어말과 모든 자음 앞에 오는 유성 파열음은 '으'를 붙여 적는다.

bulb[bʌlb] 벌브	land[lænd] 랜드	zigzag[zigzæg] 지그재그
lobster[lɔbstə] 로브스터	kidnap[kidnæp] 키드냅	signal[signəl] 시그널

제3항 마찰음([s], [z], [f], [v], [θ], [ð], [ʃ], [ʒ])

1. 어말 또는 자음 앞의 [s], [z], [f], [v], [θ], [ð]는 '으'를 붙여 적는다.

mask[mɑːsk] 마스크	jazz[ʤæz] 재즈	graph[græf] 그래프
olive[ɔliv] 올리브	thrill[θril] 스릴	bathe[beið] 베이드

2. 어말의 [ʃ]는 '시'로 적고, 자음 앞의 [ʃ]는 '슈'로, 모음 앞의 [ʃ]는 뒤 따르는 모음에 따라 '샤', '섀', '셔', '셰', '쇼', '슈', '시'로 적는다.

flash[flæʃ] 플래시	shrub[ʃrʌb] 슈러브	shark[ʃɑːk] 샤크
shank[ʃæŋk] 섕크	fashion[fæʃən] 패션	sheriff[ʃerif] 셰리프
shopping[ʃɔpiŋ] 쇼핑	shoe[ʃuː] 슈	shim[ʃim] 심

3. 어말 또는 자음 앞의 [ʒ]는 '지'로 적고, 모음 앞의 [ʒ]는 'ㅈ'으로 적는다.

mirage[mirɑːʒ] 미라지	vision[viʒən] 비전

제4항 파찰음([ts], [dz], [tʃ], [ʤ])

1. 어말 또는 자음 앞의 [ʦ], [dz]는 '츠', '즈'로 적고, [ʧ], [ʤ]는 '치', '지'로 적는다.

Keats[kiːʦ] 키츠	odds[ɔdz] 오즈	switch[swiʧ] 스위치
bridge[briʤ] 브리지	Pittsburgh[piʦbəːg] 피츠버그	
hitchhike[hiʧhaik] 히치하이크		

2. 모음 앞의 [ʧ], [ʤ]는 'ㅊ', 'ㅈ'으로 적는다.

chart[ʧɑːt] 차트	virgin[vəːʤin] 버진

제5항 비음([m], [n], [ŋ])

1. 어말 또는 자음 앞의 비음은 모두 받침으로 적는다.

steam[stiːm] 스팀	corn[kɔːn] 콘	ring[riŋ] 링
lamp[læmp] 램프	hint[hint] 힌트	ink[iŋk] 잉크

2. 모음과 모음 사이의 [ŋ]은 앞 음절의 받침 'ㅇ'으로 적는다.

hanging[hæŋiŋ] 행잉	longing[lɔŋiŋ] 롱잉

제6항 유음([l])

1. 어말 또는 자음 앞의 [l]은 받침으로 적는다.

hotel[houtel] 호텔	pulp[pʌlp] 펄프

2. 어중의 [l]이 모음 앞에 오거나, 모음이 따르지 않는 비음([m], [n]) 앞에 올 때에는 'ㄹㄹ'로 적는다. 다만, 비음([m], [n]) 뒤의 [l]은 모음 앞에 오더라도 'ㄹ'로 적는다.

slide[slaid] 슬라이드	film[film] 필름	helm[helm] 헬름
swoln[swouln] 스월른	Hamlet[hæmlit] 햄릿	Henley[henli] 헨리

제7항 장모음([ː])

장모음의 장음은 따로 표기하지 않는다.

team[tiːm] 팀	route[ruːt] 루트

제8항 중모음([ai], [au], [ei], [i], [ou], [auə])

중모음은 각 단모음의 음가를 살려서 적되, [ou]는 '오'로, [auə]는 '아워'로 적는다.

time[taimㅁ] 타임	house[haus] 하우스	skate[skeit] 스케이트
oil[ɔil] 오일	boat[bout] 보트	tower[tauə] 타워

제9항 반모음([w], [j])

1. [w]는 뒤따르는 모음에 따라 [wə], [wɔ], [wou]는 '워', [wɑ]는 '와', [wæ]는 '왜', [we]는 '웨', [wi]는 '위', [wu]는 '우'로 적는다.

word[wəːd] 워드	want[wɔnt] 원트	woe[wou] 워
wander[wɑndə] 완더	wag[wæg] 왜그	west[west] 웨스트
witch[witʃ] 위치	wool[wul] 울	

2. 자음 뒤에 [w]가 올 때에는 두 음절로 갈라 적되, [gw], [hw], [kw]는 한 음절로 붙여 적는다.

swing[swiŋ] 스윙	twist[twist] 트위스트	penguin[peŋgwin] 펭귄
whistle[hwisl] 휘슬	quarter[kwɔːtə] 쿼터	

3. 반모음 [j]는 뒤따르는 모음과 합쳐 '야', '얘', '여', '예', '요', '유', '이'로 적는다. 다만, [d], [l], [n] 다음에 [jə]가 올 때에는 각각 '디어', '리어', '니어'로 적는다.

yard[jɑːd] 야드	yank[jæŋk] 얭크	yearn[jəːn] 연
yellow[jelou] 옐로	yawn[jɔːn] 욘	you[juː] 유
year[jiə] 이어	Indian[indjən] 인디언	union[juːnjən] 유니언
battalion[bətæljən] 버탤리언		

제10항 복합어

1. 따로 설 수 있는 말의 합성으로 이루어진 복합어는 그것을 구성하고 있는 말이 단독으로 쓰일 때의 표기대로 적는다.

cuplike[kʌplaik] 컵라이크	bookend[bukend] 북엔드
headlight[hedlait] 헤드라이트	touchwood[tʌʧwud] 터치우드
sit-in[sitin] 싯인	bookmaker[bukmeikə] 북메이커
flashgun[flæʃgʌn] 플래시건	topknot[tɔpnɔt] 톱놋

2. 원어에서 띄어 쓴 말은 띄어 쓴 대로 한글 표기를 하되, 붙여 쓸 수도 있다.

Los Alamos[lɔs æləmous] 로스 앨러모스/로스앨러모스
top class[tɔpklæs] 톱 클래스/톱클래스

제4장 인명, 지명 표기의 원칙

제1항 외국의 인명, 지명의 표기는 제1장, 제2장, 제3장의 규정을 따르는 것을 원칙으로 한다.

제2항 제3장에 포함되어 있지 않은 언어권의 인명, 지명은 원지음을 따르는 것을 원칙으로 한다.

Ankara 앙카라	Gandhi 간디

제3항 원지음이 아닌 제3국의 발음으로 통용되고 있는 것은 관용을 따른다.

Hague 헤이그	Caesar 시저

제4항 고유 명사의 번역명이 통용되는 경우 관용을 따른다.

Pacific Ocean 태평양	Black Sea 흑해

English Phonetics

참고문헌

Bright, W. 1992. International Encyclopedia of Linguistics. Oxford: Oxford University Express.

Bronstein, A. J. 1960. *The pronunciation of American English: An Introduction to Phonetics*. New York: Appleton-Century-Crofts, Inc.

Celce-Murcia, M. 2004. *Theching Pronunciation*. 10th priuting. Cambridge: Cambridge University Press

Chomsky, N. and Halle, M. 1968. *The Sound Pattern of English.* New York: Harper and Row, Publishers.

Fromkin, V. and Rodman, R. 1983. *An Introduction to Language*. 3rd ed. New York: CBS College Publishing.

Francis, K. 1989. *An Introduction to Phonology*. New York: Longman, Inc.

Harlow, B. M. 1989. *An Introduction to Phonology*. New York: Longman, Inc.

Hockett, F. 1958. *A Course in Modern Linguistics*. New York: Macmillan.

Hyman, L. M. 1975. *Phonology: Theory and Analysis*. New York Holt, Rinehart and Winston.

Kenyon, J. S. 1950. *American Pronunciation.* 10th ed. Ann arbor: George Wahr publishing Company.

Kenyon, J. S. and Knott, T. A. 1949. *A Pronouncing Dictionary of American English.* Springfield, Mass.: G. & C. Merrian.

Kuiper, K. and Allan, W. S. 1996. *An Introduction to English Language: Sound, World and Sentence.* New York: Palgrave.

Ladefoged, P. 1993. *A Course in Phonetics.* 3rd ed. New York: Harcourt Brace Jovanovich.

Prator, C. H. Jr. 1957. *Manual of American English Pronunciation.* 3rd ed. 1972. Holt, Rinehart and Winston Inc.

Stageberg, N. C. 1971. *An Introductory English Grammar.* 2nd ed. Holt, Rinehart and Winston, Inc.

Pyles, T. and Algeo, J. 1982. *The Original and Development of The English*

Language. 3rd ed. Harcourt Brace Jovanovich, Inc.

Trager, G. L. and Smith, H. L. Jr. 1957. *An Outline of English Structure.* 4th printing. Washington: American Council of Learned Societies.

Underhill, A. 2004. *Sound Foundations*. Oxford: Macmillan Publishers Limited.

Underhill, A. 2005. *Sound Foundations: Learning and teaching pronunciation.* Oxford: Macmillan Publishers Limited.

구봉림. 2005.「실용 영어음성학」서울: 신아사.

구희산. 2003.「영어음성학」서울: 한국문화사.

권영규. 1997.「영어음성학」서울: 형설출판사.

김영석. 2005.「영어 음성학과 음운론」서울: 경진문화사.

김용범. 2003.「영어발음 학습의 맥」서울: 한국문화사

김진우. 1985.「언어 그 이론과 응용」서울: 탑출판사.

김태한. 1984.「현대영어발음법」서울: 학문사.

안수웅. 2002.「영어 발음을 위한 영어 음성학 음운론」서울: 한국문화사.

여상필. 1990.「미국영어음성법」서울: 형설출판사.

원경식. 1983.「영어음의 연구」서울: 형설출판사.

이신숙・초미희. 2003.「영어 음성・음운론 개론」서울: 한국문화사.

이용재. 1996.「영어음성학」서울: 고려대학교 출판부.

전상범. 2005.「영어음성학개론」서울: 을유문화사.

한종임. 2001.「영어음성학과 발음지도」서울: 한국문화사.

한학성. 2001.「한국인을 위한 영어발음 교과서」서울: 테스트뱅크이십일닷컴.

English Phonetics

찾아보기

A ~ B

C

D

E

F ~ G

H

T～V

ㄱ

ㄴ～ㅁ

ㅂ

ㅅ

영어음성학

인쇄 | 2019년 3월 01일
발행 | 2019년 3월 05일

지은이 | 김세환
펴낸이 | 조승식
펴낸곳 | (주)도서출판 북스힐

등 록 | 1998년 7월 28일 제22-457호
주 소 | 서울시 강북구 한천로 153길 17
전 화 | (02) 994-0071
팩 스 | (02) 994-0073

홈페이지 | www.bookshill.com
이메일 | bookshill@bookshill.com

정가 12,000원

ISBN 979-11-5971-204-3

Published by bookshill, Inc. Printed in Korea.